# 石油员工
# 心理健康手册
## 第2版

檀培芳 ◎ 著

石油工业出版社

## 图书在版编目（CIP）数据

石油员工心理健康手册 / 檀培芳著. —2版. —北京：石油工业出版社，2018.1
ISBN 978-7-5183-2200-8

Ⅰ. ①石… Ⅱ. ①檀… Ⅲ. ①石油企业－职工－心理健康－健康教育－手册 Ⅳ. ① R395.6-62

中国版本图书馆CIP数据核字（2017）第249721号

石油员工心理健康手册（第2版）
檀培芳　著

出版发行：石油工业出版社
　　　　　（北京安定门外安华里2区1号楼　100011）
网　　址：www.petropub.com
编辑部：（010）64523616　64523610
图书营销中心：（010）64523731　64523633
经　　销：全国新华书店
印　　刷：北京晨旭印刷厂

2018年1月第1版　2018年1月第1次印刷
710×1000毫米　开本：1/16　印张：16.75
字数：242千字

定价：38.00元
（如发现印装质量问题，我社图书营销中心负责调换）
版权所有，翻印必究

# 再版前言

《石油员工心理健康手册》转眼间已经出版五年了，真是弹指一挥间。这期间我仍然不断深入一线，继续进行访谈、咨询、团辅、讲座等工作。我曾在很多场站的小图书馆中看到过这本书，当员工们得知我是作者时，兴奋地跟我聊着从中得到了哪些启发，也问了一些书上没有的内容，同时还希望有更多相应的著作出版。此时再版，结合了很多管理者和员工们的建议，在第一版的基础上对内容进行了增减。

我有幸于1982年大学毕业后成为一名石油人，一名为石油员工的健康保驾护航的卫士，这份工作，一干就是30余年。

我拿着石油版图，足迹几乎遍及中国石油下辖的上下游所有企业，包括中国石油采油第一大厂、第一大输油处，世界海拔最高的油田、钻井平台、公路加油站、有人值守的输油气站，有30年光荣历史的女子焊工班，超水深管道盾构穿越现场，运营中的西气东输无人区压气站场，世界贫穷国家乍得及尼日尔的建设现场，中国第一条大口径高压力长距离常温输送原油管道的哈萨克斯坦施工现场和营地……我期望走遍中国石油的"中国之最""亚洲之最""世界之最"。

我走访的石油企业干部员工近5万余人，把多年来访谈、咨询中员工们比较集中的困惑及难题汇集，并搜集大量案例，用通俗易懂的方式解读了其中蕴含的晦涩难懂的心理学应用技术，最终成书。期待本书让员工们读起来既感觉"油味"十足，又具有实操指导性，可以拿来就学，学了就用。

我不敢说我是中国最好的心理学专家，但我可以自豪地说：我是最了解石油人、去过现场最多、访谈员工最多、最能讲清石油人故事及采用积极心理学技术帮助员工的心理学专家。

随着石油事业的快速发展、竞争的日趋激烈，石油员工的心理负担也越来越重，心理素质经历了前所未有的考验。工作节奏加快，生活节奏加快，知识更新速度加快，甚至生活习惯的替换频率也加快，企业保持竞争优势的压力越来越高，人工智能技术的发展使员工更加不敢懈怠，不断变革要求管理者和员工必须不断调整自己原有的心理定式和行为模式，紧张、焦虑、困惑甚至适应不良时有呈现。

然而可喜可贺的是，五年后该书再版，管理者和员工们对心理学的认知都发生了很大变化，许多人认识到心理健康和生理健康同样重要，不再回避心理专业人士，主动寻求心理帮助，甚至学会以阳光心态共同探讨如何面对压力，应对变革。这样的变化令人鼓舞，也更加坚定了我继续做好心理健康促进工作的信念！

《石油员工心理健康手册（第2版）》依然分为六篇，将原来的"压力管理"与"快乐工作"篇合二为一，增加了"应对变革"，原"情绪管理""人际关系""夫妻关系"和"亲子教育"内容做了小调整。依然从工作和生活的实际出发，用现实中的例子、用我们身边的故事、用心理学的实验讲述如何提高自己的心理健康水平、积累心理资本，如何面对工作生活中的困惑与烦恼，如何以良好的状态迎接压力与挑战。并且借用互联网新媒体技术，将一些心理学测试、心理学趣味图片、心理学的专业辅导放在后台处理，只要扫一扫，就能获得相应的支持，简单易用、方便实惠。

本手册不是系统论述心理学原理的教材，但希望通过原理与应用的有机结合，使朋友们既掌握原理，又懂得原理的具体应用，从而能达到我们的目标——健康地生活、快乐地工作。

本手册在编写过程中力求实用性、通俗性及趣味性，希望能成为您闲暇时的调剂品、困惑时的魔法棒、沮丧时的兴奋剂。

我希望通过绵薄之力，让我们的兄弟姐妹们更多地体验到心理学与我们的生活密切相关，它让我们更多地了解、接纳、关爱自己和他人，去发现生活的美好，获得内心走向幸福的巨大能量。

# 倾听石油员工的心声

### 在非洲，明明不是囚犯

为了防止恐怖活动对员工安全的威胁，在国外的工程施工单位雇用了当地武装力量进行安全保卫。员工居住的营地周围有保安，每天乘坐大巴到工地，前后都有军队护卫，晚上施工回来坐在大巴车上被军队紧紧护卫着。有些员工感到很不自在，问我，你说我们这不像犯人一样了吗？！

### 出发前，明明舍不得

有一天上班，我碰到了一个同事，眼睛红红的，一看就是哭过了。我问过才知道，她爱人过几天要出国上线了，可是这两天在家里总是挑刺，挑这个东西放得不是地方、挑那个事情办得不漂亮、挑她不会管孩子，等等，气得她哭了好几回，抱怨着说怎么都要走了还横挑鼻子竖挑眼，看什么都不对？！

### 电话里，明明还想说

有个朋友告诉我，他常年在外工作，只能经常通过给家里打电话的方式问问家里情况，关心一下孩子，但总是老生常谈地寒暄几句之后就没话讲了，但又不舍得放电话，想多聊几句，又不知道说什么。跟孩子聊也总是那几句：爷爷好吗？奶奶好吗？学习用功吗？听话吗？孩子也抱怨：爸爸你怎么总是这么几句啊？！

## 📢 工作中，明明很努力

在一个施工项目部，有一个很优秀的小伙子问我：我工作很努力，积极、主动、热情、乐于助人，领导和同事们也都很认可我，可是我总是感觉自己这样的工作似乎没有尽头，事情总是那么多，繁杂又琐碎，也没有什么挑战性，所以也没有什么成就感，总是感觉这么下去是我所追求的工作、我想要的生活吗？什么时候才会有个转折看到人生的辉煌？！

## 📢 对孩子，明明还是爱

在现场有个员工该回家休假了，他告诉我说：我其实很矛盾！不回家吧，想老婆，想孩子！可是回家吧，头三天还真是老婆孩子热炕头，大家都很开心，可三天之后用老婆的话说"就开始鸡飞狗跳了"。因为他总是不停地对孩子指手画脚地说这样不对、那样不行，没几天孩子就问：爸爸，你什么时候走啊？他当然很委屈——我也很爱孩子啊，难道不对吗？！

## 📢 对同事，明明想友好

在一个机械制造厂里，有个员工问我：您是教授，您给评评理！我们一起转业回来的战友加同事，因为两口子同时下岗，老婆又把钱一股脑投进股市中，造成生活窘迫。我带着同事们凑钱买米、买面一块儿送到他家，他当时还感动得哭了！事后他慢慢翻身了，可是再也不跟我们这帮战友加同事来往了，您说他是不是没良心？！我听后告诉他，你是很友好，但采用的方式伤了他的自尊！他愣住了——这我可没想到！

# 目 录

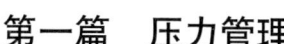

## 第一篇　压力管理

科技快速发展，生活节奏逐步加快，人们面对的压力越来越大。但大部分人对压力存在误解，比如压力是不安、焦虑的；压力全都源自于不如意的事件；压力是全然有害的，等等。如何管理压力是现代人必修的一门功课，本篇中我们介绍有关压力的知识，并提供一些应对压力的策略。

第一节　井无压力不出油，人无压力轻飘飘 …………003
第二节　什么时候会感受到压力 …………………………005
第三节　压力对健康的影响 ………………………………010
第四节　同样的事情为啥有人有压力，有人没压力 ……014
第五节　精神、信念与承受压力 …………………………020
第六节　怎样提高应对压力和挑战的能力 ………………028

## 第二篇　情绪调试

请问你有这样的体会吗？心情好时，做什么事都得心应手，而心情不好时，做什么事都不顺利？在生活中，你是否一遇到不高兴的事情就垂头丧气？在工作中，你会不会一有压力就烦躁不已？这是情绪在作祟，情绪左右了我们，我们成了情绪的奴隶。在本篇我们谈谈情绪的来源、情绪对我们的影响以及如何管理情绪，从而帮助我们快乐地工作、健康地生活。

第一节　为什么说情绪是一种能量形式 …………………… 051
第二节　情绪的作用是好还是坏 ……………………………… 054
第三节　怎样对自己的情绪进行解读 ………………………… 061
第四节　怎么判断他人的情绪状态 …………………………… 072
第五节　情绪对健康有什么影响 ……………………………… 076
第六节　怎样调整自己的情绪状态 …………………………… 081

# 第三篇　人际和谐

　　心理学研究表明，人际关系在我们的生活中有着举足轻重的作用。与他人建立良好的人际关系，不仅可以缓解我们在工作、生活中的孤独与寂寞，而且对我们的身心健康有着不可替代的影响。本篇把大家常见的问题用心理学原理进行分析和阐释，并结合实际，介绍一些心理学的技巧与方法，从而促进人际和谐。

第一节　人际关系具体指什么 ………………………………… 101
第二节　良好的为人处事方式有哪些 ………………………… 107
第三节　沟通的障碍与误区在哪儿 …………………………… 118
第四节　你能简单快速判断他人的心理特征吗 ……………… 125
第五节　使你获得亲和力的秘籍 ……………………………… 131
第六节　现实中诸多的冲突如何处理 ………………………… 135

# 第四篇　应对变革

　　我国改革开放已经三十多年了，随着科技高速发展、经济快速增长，人们感觉对一切的掌控越来越弱，这个世界不确定因素太多了。这世上不变的就只有改变，无论是否接受，我们所熟悉的一切都在慢慢地、悄悄地变成我们不再熟悉的样子。在变革过程中，人们的认知态度有哪些特点？

目录

转型对心理健康会造成多大的影响？人们可以采取的应对策略又有哪些？在这一篇中，我们试图从社会学、心理学角度进行探讨。

第一节　我们身处在大变革的时代 ·················147
第二节　只有自己改变，事情才会好转 ···············148
第三节　适应变化，享受变化 ·····················152
第四节　怎样做才会增加应变能力 ··················156
第五节　增加自我价值，成为不可替代性员工 ···········160
第六节　聚焦解决，面向未来 ·····················163

# 第五篇　夫妻关系

我们曾经做过研究发现，婚姻适应、夫妻关系、婆媳问题等情感问题与工作效率有直接关系。家庭的稳定与夫妻和谐、子女的教育与健康成长等成为各级各类人员普遍关注的问题。我们将在这一篇中用生活中的事例、故事来讲述男女心理学差异，帮助大家用心理学的技巧促进夫妻关系和恋人关系及家庭成员之间的关系，达到家庭和谐。

第一节　为什么男人女人都说搞不懂对方 ···············181
第二节　我的夫妻模式属于哪类 ···················187
第三节　如何维持亲密关系 ······················190
第四节　男人在婆媳难题处理中的N大"法宝" ···········200
第五节　婆婆为什么非要跟我较劲 ··················203
第六节　怎么处理失恋、离婚、出轨 ················205

## 第六篇  亲子教育

孩子是一本书，父母既是这本书的责任编辑，又是这本书的忠实读者。在本篇中，我把员工经常找我咨询的父母教育子女的烦恼、纠结与"挣扎"汇集起来，用心理学原理讲述及解释孩子的行为和家长的不安，为家长们提供一些有针对性好操作的解决方案，让家长们学会怎样应对相似的情景。

第一节  洞悉孩子情感的潜台词 …………………………… 217
第二节  调皮、活泼的孩子不一定患了多动症 …………… 224
第三节  当"青春期"遇到"更年期" ……………………… 230
第四节  听孩子爱说的话，说孩子爱听的话 ……………… 237
第五节  鼓励、引导孩子去判断和选择 …………………… 244
第六节  隔代养育方式差异的处理 ………………………… 250

再版后记 ……………………………………………………… 255

# 第一篇 压力管理

  科技快速发展,生活节奏逐步加快,人们面对的压力越来越大。但大部分人对压力存在误解,比如压力是不安、焦虑的;压力全都源自于不如意的事件;压力是全然有害的,等等。如何管理压力是现代人必修的一门功课,本篇中我们介绍有关压力的知识,并提供一些应对压力的策略。

第一篇 压力管理

## / 第一节 /
## 井无压力不出油，人无压力轻飘飘

石油界有一句老话儿叫"井无压力不出油，人无压力轻飘飘"。无论是中国石油天然气集团公司总部还是各油田基层，无论是物探、钻井、采油、炼化、储运还是销售专业，都越来越关注压力，"压力管理"也和压力一样成为大众熟悉的名词，但到底什么是压力管理呢？要知道什么是压力管理，首先我们必须要知道一个重要的概念——应对。

### 什么是应对

应对是指当一个人面临压力时，采用一定的方式去调节情绪、认知、行为和环境。同样的压力，不同的人会采取不同的应对方式，比如，失恋是一个压力事件，每个人都可能会因此而产生不良情绪，但我们会看到不同的人失恋后的行为反应是不一样的：有的人失恋后将自己完全投入到工作中，让自己没有一点空余时间；还有的人失恋后每天到酒吧买醉，麻木自己。前者采取的应对方式是用工作转移不良情绪，而后者则是逃避，是消极应对。还有没有其他方法去处理这个事件呢？答案当然是：有！

压力管理其实是应用心理学原理和技巧，在压力产生前或产生后，主动采用合理的、积极的、有效的应对方式，缓解或消除压力带来的不良反应的过程，并从这个过程中快速复原。所以我们说，压力管理也是一个人成长、成熟、心理资本积累的过程。

压力缓解的前提是必须要进行压力诊断，也就是你必须要了解自己的压力现状。如果你是管理者，你还需要了解你下属员工的压力现状。

## 压力诊断

压力诊断包括三个方面。

一是压力状况评估。主要有目前都面临什么方面的压力？影响最大的压力是什么？目前的压力程度到底有多大？

二是了解自己或员工的压力反应。包括身体反应和心理行为反应两个方面。身体反应，是指当压力出现的时候，你的身体会发出什么样的信号；心理行为反应包括各类情绪及行为等。我们会在后面的章节中比较详细地进行介绍。

三是了解惯用的应对方法。当压力出现的时候，每个人的反应方式可能是不同的。有的人采用积极的应对方式，而有的人则采用逃避、攻击、退缩等消极的应对方式。每个人惯用的应对方式是在成长过程中自然形成的，和各自的工作经历、生活体验、教育背景、成长过程有直接的关系。有些应对方式有积极作用，而有些应对方式则对自己的健康和职业的发展均不利。压力管理的一个重要方面就是要保持自己良好的压力应对习惯，改变或调整自己不良的应对习惯。

兵法有云"知己知彼，百战不殆"，通过压力诊断，认识自己后，就可以进行下面的一个环节——管理压力。

趣味测试

### 你有压力吗

我们不妨做个小小的测试，看看你是否有压力。

扫码在线测试

第一篇 压力管理

## 第二节
## 什么时候会感受到压力

进入快速发展的时代,员工们都在喊压力大,压力来自生活、经济、工作、家庭等方方面面。可是,就前面讲的这些方面,有时候没觉得是压力,有时候又感觉是压力,为什么呢?换句话说,什么时候我们就认为这是压力了呢?

简单地说,凡是生活、工作中的任何事件,只要打破了你原来的平衡,就导致"心理应激",也就是人们常说的"产生了压力"。

压力主要来源于以下五种情况。

### 第一种情况:环境要求你做出选择

很多问题之所以是压力,是与你必须"去选择"有关,因为选择,就要权衡,权衡就会患得患失,你不能"随便"不是?!当然如果你是"被选择"的,你就不会有这种压力,那是另一个层面的。

比如,在基地时,早晨上班,你经常乘坐的班车迟迟不来,你有两种选择:继续等待,可以等到车,但可能就会迟到,耽误事情;避免迟到,坐出租车,但要付出额外费用。怎么办?你要权衡,要比较,最后要做出选择。"到底该继续等待还是打车就走?"这个选择就给你带来了压力感受。

人们在日常生活中常常会碰到两个以上所欲求的目标,不可能多个目标同时实现或全部实现,这就是心理学所讲的动机冲突,选择总是伴随着心理冲突，选择不当会造成心理失衡。

生活中常见的动机冲突有：

(1) 双趋式冲突：指在工作或生活中同时并存着两个具有同样吸引力的目标，但由于条件限制，无法同时获取两个目的，就是所谓"二者不可兼得"，这时在心理上难以做出取舍。

(2) 双避式冲突：是指同时遇到两个对自身不利的、具有威胁性的事物，都想避开，但欲避其一，却无法避其二，即"前有悬崖，后有追兵"，做出选择时也会产生心理冲突。

(3) 趋避式冲突：指一件事同时存在有利一面和不利一面，决断时要考虑利害得失。

你有没有发现，当你面临的选择越多时，你的选择就越难，而最后你那个选择又往往让你后悔？！因为，你没有办法去获得所有的相关信息，你也没有办法去对所有的信息进行比较。

所以你试图去选择最理想的结果，这也是造成压力的心理根源。只要需要你做出选择，你就会面临冲突，这就是你的压力。

## 第二种情况：环境要求你做出改变

我们提到的那些现象，如果你已经习惯了、适应了，每天都是"老一套"，你就不会有压力。只有出现了新情况，你按照"老一套"模式行不通时，你就得改变，从而打破了你原有的平衡。你需要重新调整自己，压力自然就来了。

人是具有习惯性的高级动物，需要安全感。当我们吃熟悉的食物、去熟悉的地方、跟气味相投的人在一起，自然会很舒服，也会有安全感。一旦这个模式变了，吃没吃过的食物、到陌生的环境、与没接触过的人打交道，你的压力感会陡然升高。

比如：你原来是普通员工，现在提升为机组长、作业长、平台经理、

第一篇 压力管理

工程处长或项目经理了,你就要重新适应,调整新的上下级关系、学习新的岗位职责、熟悉新的角色定位,这种变化会给你带来很大压力。

新员工或刚开始调换工作的员工,都有个适应的问题:一是因为没有经验,对环境不熟悉,所以做起来会有些吃力;二是怕做不好而丢掉工作,有一种危机意识,所以也带来了压力。

比如:由于企业重组,你被调入新组建成立的公司,周围同事虽然都来自中国石油的其他分公司,但每个人都会有自己原单位的地域文化、组织文化特点和工作风格,有自己习惯的思维方式和行为习惯,你在适应过程中就会有很多压力感受。

## 第三种情况:对未知事件产生本能反应

任何一件事摆在你的面前,当你不知道会出现什么结果时,人的本性会首先以较坏的结果进行打算,这就是我们说的,人对未知的事情本能地会给予悲观解释。

比如:在你正工作时,突然接到你的上司的一个电话让你到他办公室去,多数人的反应是什么呢?工作不错,上司要表扬你了?要给你发红包了?不是!大多数人的反应是:我工作出什么问题了?上司要批评我了?这就是压力,是你对上司给你打电话这件事有一个悲观的解释。

还比如:你正在上班,忽然想起来你的车没锁好,或者你的房门没锁好,为此你坐立不安,甚至必须返回去再核实一下。其实你不是担心没锁好车或没锁好门这个行为,而是担心其不良后果:车被偷或家被盗!这都是悲观解释造成的。

我们HSE相关的管理人员,最怕夜里来电话,电话铃声一响,他本能的反应就是"出事啦"!所以说,HSE管理者也是压力最大的人群。

我们出差在外,平时总给家里打个电话,隔三岔五也会接到家里报平安的电话,某一天你突然意识到有一段时间家里没来电话了,你本能的反应是什么？多数人会回答：家里有人生病了？可能出什么事儿了？

所以，面对悲观的解释，你自然也就有压力。

### 第四种情况：面临不能掌控的情况

生活中最让人沮丧的事就是无法掌控：毫无保留地爱上一个人，对方却不能有相同的感受；踌躇满志地开始一个计划，中途却总会有意料不到的变数；朝气蓬勃地起床开始愉快的一天，却总会遇到打乱心情的事让你觉得老天爷在故意捉弄自己。诸如此类，无形之中，你似乎已经不能掌控生活，而是被生活所掌控，这就产生了压力。

另外，随着企业不断发展壮大和重组，有人就会担心自己的岗位是否还继续存在，没有原岗位自己还能做什么，因为没有岗位就意味着收入会明显下降。

我们企业海外的工程项目越来越多，很多国家政局不稳定。电视上、网络上等一播报有相关国家的动荡、暴乱、政变，无论是我们的领导、员工，还是员工的家属，顿时压力感就会涌上心头。

我在QQ上，曾接到员工问我这样一个问题：女儿的老师告诉他，孩子这几天学习退步了，没有自信了，老师跟孩子聊天，还没聊几句孩子就哭了。这个父亲觉得孩子正在成长阶段，肯定碰到了难题，而自己又不在身边，有劲儿使不上，为此很自责。

对不能掌控的情境本能的反应还是压力。

### 第五种情况：持续不断的精力消耗

工作中有些人属于"工作狂"，这些沉迷于工作、长时间工作不知道休息的人，有类似于心理学上的"沉溺行为"与"强迫行为"。他们工作成瘾，没有工作以外其他的爱好，不工作就觉得不自在、无所事事。也有的专家把这种压力统称为直线形压力，长期超负荷工作，没有紧张与松弛交

## 第一篇 压力管理

替状况，会让人产生压力；而长期赋闲，什么事情也没有做，也是种压力。

很多人都听说过，假如我们手中举着一个杯子，里面装满了水，就算是重量只有500克，你举起来一点问题也没有。但要让你保持平举的姿势2个小时呢？胳膊会酸疼了。要平举4个小时呢？你会准备放弃了吧。要举24个小时呢？可能真得住院去了吧?!

还有另一种可能：你已经连续不断地工作了8个小时，想立刻就下班回家休息，但是，你突然接到上级的指令，要求你马上完成什么事情或告诉你明天一早必须提供什么数据，而你事先没有这些资料，需要加班整理；或者该下班了面前还有不少人排着队；或者还有其他任务你必须今天完成，你不能走。于是，你感到心烦、不满、愤慨、压力重重……长此以往，压力感自然涌上心头，还有些人会出现情感倦怠状态。

持续不断的精力消耗就像我们手中拿着的杯子，里面盛满了水，不管杯子有多大，不管它有多少分量，你不停地往外倒，总有倒空的时候，这就是一种在身体、情绪和心理上消耗殆尽的状态。在这种状态下，人们将体验到一种持续的身心疲惫不堪、厌倦沮丧、悲观失望、失去创造力和生命活力的感觉。

当然还有其他一些情况也会让人产生压力，但上述五种情况，我们遇到得最多。

**趣味测试**

### 你正在承受什么样的压力

你在美术馆中欣赏展览，忽然有幅画吸引了你的目光，你觉得这是幅怎样的画？

A. 风景画　　　　B. 人物画

C. 静物画    D. 裸体画
E. 抽象画    F. 水墨画

**结果分析**

选择 A：你正承受着人际关系的压力，想从纷纷扰扰中寻求解脱。

选择 B：你觉得自己的朋友太少，想找一个能够倾诉心事的知己。

选择 C：你非常忙碌，一刻不能休息，觉得工作压力很大。

选择 D：你觉得生活过于枯燥无味，想要追求一些新鲜、刺激的事物。

选择 E：你很排斥社会的规范和礼教，而且逆反，想要照自己的想法做事。

选择 F：现代化的社会使你感到莫名其妙的压力，你很想离群独居。

## 第三节
## 压力对健康的影响

研究表明，压力状态下会分泌糖皮质激素，它的作用在于促进身体的能量应用、增加心血管活动，但分泌过多会使得心脏负担加重，导致心血管疾病（心脏病、高血压）。还有许多疾病，如消化系统疾病以及各种恶性肿瘤疾病都与压力水平高度相关，压力已经成为影响个体健康的一个重要因素。已有一些研究表明人类的疾病60%~70%与压力有关。一般来说，压力对人体健康的影响包括生理、心理以及行为上的变化。

# 第一篇 压力管理

## 压力下的生理症状

压力引发的某些生理疾病可能有致命的危险,例如高血压和心脏病,其次是长期疲劳、头痛、红疹、消化系统紊乱、溃疡、结肠炎、食欲不振、暴食、恶心等。其中许多病症都是在紧张事件之后发作的。

压力还会削弱人体的免疫系统,这也揭示了为什么我们在压力状况下更容易患病。压力还会加重一些自身免疫性疾病的症状,例如风湿性关节炎等。

压力还可以使中枢神经兴奋性增强,生物节律被打乱,失眠、多梦、早醒……

当前研究已经证明,压力与癌症之间存在一定关系。美国的一项针对癌症病人进行的调查显示,大多数恶性肿瘤的临床表现都发生在失望、孤独和其他沉重打击与精神压力频繁发生的时期。准确地说是在癌症患者身上普遍发现有压力处理不良现象,情感受抑或忧郁、缺乏适当的情感表达方式所致消极的、压抑的情绪郁结。因此说,管理压力要像"大禹治水"般,要"疏",而不是"堵"。

## 压力下的心理状况

当人认知到压力时,警觉性会增高,敏感度会增高,注意力高度集中在压力事件上,会导致反应过敏、注意力范围狭窄。曾经在有的施工单位就出现过由于高度关注工期,导致忽略了其他安全规程,最后酿成事故的教训。这就是典型的由于注意范围变窄所致的安全事故。

压力状态下有许多情绪表现,比如:担心会发生不好的结果而出现焦虑;面对危险感到害怕,试图逃避而出现恐惧;因无法应对困境或严重后果而产生无助和无望感(抑郁);由于目标受阻、自尊心受到打击而引起愤怒，等等。

压力引发的情绪症状包括：经常动怒、爱发脾气、严重焦虑、消沉沮丧、缺乏性欲、丧失幽默感；对最简单的日常事务也无法集中精力；对自身外表、他人、社会事件及以往感兴趣的事情（比如热衷的体育运动）不再留意；精力溃散，记忆衰退，遇事迟疑不决；愁苦、内疚、疲劳、冷漠；切身的无助感和失败感以及感到无能、自卑与没有价值。

辨认自身或他人压力的关键是了解反常的情绪反应。

## 压力与行为表现

压力过大所导致的行为表现很容易识别。例如，当处于压力之下时，一些人喜欢喝很多酒或是大量地吸烟，这是一种直接的压力缓解方式。还有些人采用自我防御应付敌对和攻击行为；或者采取逃避、依赖或被动攻击（自伤、自杀）行为；也有些人社会交往减少，使自己的人际关系受损。

还有不少员工对家庭的兴趣和关心减少，对家人缺乏耐心、态度冷淡，不能给予子女足够的教育或教育简单粗暴等。心理学研究发现，对困扰缺乏耐心的人，更易于将他们的压力和不满错误地归因于他们的配偶，这是造成夫妻矛盾和最终离婚的主要原因。

还有些人因为有太多的工作要做，却没有健康的饮食和锻炼的安排，他们会减少睡眠，或是由于情绪不良而影响睡眠质量。他们可能疲于应付工作和日常的压力，以至于对自己的生活有些失控。

长期处在激烈竞争的气氛中，会使人的心理经常处于紧张、苦闷、恐惧和不安等状态中，一旦遇到不如意的事情，自己又不具备足够的解决能力，就会产生一系列的心理健康问题，久而久之，会导致身心疾病。

总之，来自工作、事业及生活的过度压力对人的身心健康有极大危害。

# 第一篇 压力管理

## 压力预警信号

心理学有压力测量系统，能够帮你判断你的压力现状。工作和生活中你不可能经常找心理医生去测量，而压力的影响常常又不能被直接、明确地感知，所以，每个人都应当了解哪些是自己最敏感的信号，哪些是自己抵抗压力的薄弱环节。要想知道自己是否正在承受压力及承受压力的程度，不妨问问下面这几个问题：

——是否经常显得不耐烦、暴躁、焦虑、易怒。

——是否睡眠品质差、失眠，经常打哈欠、发困。

——是否健康指数明显下滑，经常感到不舒服，容易生病，如感冒、头痛、胃痛、消化不良等。

——是否记忆力下降，无法集中思想，不能全神贯注做事情。

——是否经常体验到神经性抽搐或肌肉痉挛，腰酸背痛，很难放松。

——是否情绪容易沮丧、低落，波动大、情感倒错，对现状与未来常感到无能为力，有挫折、空虚的感受。

——是否人际关系变得不和谐，容易与人发生冲突、不快。说话冷言冷语，感情迟钝，对自己或他人的评价、谈话都倾向负面的描述。

一个人不可能没有压力，如果以上判断持肯定的占多数时，那就是一个警钟，提示你的压力承受已接近极限了。要想改变这种情况，就要采取一系列的方法舒缓不良情绪，排解积累的压力。

还有一个值得注意的问题是，每个人对压力的承受力是不同的，用专业的话说是每个人挫折阈限和挫折承受力不同。挫折阈限是指引起人们产生挫折感的最小刺激量，它除了与挫折本身的刺激量有关外，更多的是由当事人的主观因素所决定，所以，不同的人对具有相同刺激量的挫折情境和事件会产生不同的主观感受，因而也就产生不同的反应。挫折承受力包括挫折耐受力和挫折排解力两个方面，是指人们在遇到挫折时，能够忍受和排解挫折的程度，也就是人们适应挫折、抵抗和应对挫折的一种能力。一般情况下，挫折阈限与挫折耐受成正比关系，即挫折阈限越低，越容易感受挫折，挫折耐受就越低；挫折阈限越高，对挫折越不敏感，挫折耐受就越高。

**趣味测试**

### 你的性格能承受多大压力

面对激烈的竞争和挑战，你是积极地接受还是一味地逃避呢？在现实中，你的性格能承受多大的压力呢？做做这个测试，你就知道答案了。

扫码在线测试

## / 第四节 /
## 同样的事情为啥有人有压力，有人没压力

现在大家都理解了，每个人都体验过压力，压力无处不在。然而不同的人有不同的压力感，比如同样一件事情摆在面前，有些人会觉得没什么，而有些人会觉得受了极大委屈或受到打击；同样一件事，同样一个人，在不同的时间段，对压力的感受也截然不同；有人可能因为压力而夺取奥林匹克金牌，因为压力而获得毕生成就，但也有人可能因为压力而身心疲惫，因为压力丧失了工作与生活的信心。

为什么会出现这种情况？原因是，能否感受到压力与许多因素有关。

## 第一篇 压力管理

下面就来了解一下让我们感受到压力的有关因素。

### 压力与个人和事件的关联度有关

当一件出乎意料的事情摆在你面前，你首先会考虑这件事与我有关吗？如果无关，那就过滤掉了，不形成压力；如果有关，你接下来会考虑对自己构成威胁或危害了吗？如果没有构成威胁或危害，又过滤掉了，不会造成压力；如果有威胁，你接着就会考虑以自己的能力或根据过去的经验能处理得了吗？或者有什么人能帮助自己处理？如果能，也不会形成压力。只有那些与自己有关的、对自己造成威胁的、自己又没有办法处理的事情才会形成压力。

大家还记得2009年7月5日发生在新疆乌鲁木齐的打砸抢烧严重暴力犯罪事件吧？那个事件足够大了，可很多人并没有产生压力，原因自然是因为事件跟自己无关。我也一样，听到这个消息时我给新疆的朋友们打了一圈电话，关切地询问："有事吗？""受到冲击了吗？"听到朋友们都没事，我自然就把这件事放到一边了。突然有一天，我接到命令，陪同院领导带领医疗队进疆！而那时正好是针刺伤事件频发的时候！我一下子就感到压力巨大了——因为这个事件与我有关了，而且也可能对我们造成威胁，我还无法判断谁会针刺我们，更无法控制我们能否不被刺伤！

### 压力与控制力有关

环境中的不确定性是压力的来源之一。一个模糊的、不可预期的世界是不安全的，人们需要加强对各种可能情况的预期能力，增强对环境的控制力，获得安全感。

心理学的一个"压力与控制力"试验：让两组大学生在强噪音干扰下，完成解决问题的任务。A组不能控制噪音；B组可以在任何时候按压按钮停止噪音，但同时嘱咐 B 组，如果可以不按压按钮的话，就尽量别按压。结果：A 组的任务完成情况明显比 B 组差很多，而实际上 B 组并没有人按压过按钮。

这个实验结果告诉我们：当你有内在的控制力时，或你能左右事情的结果时，你对压力的耐受力可以大大提高。

## 压力与工作绩效有关

压力有双重影响。生活中，压力过小，让人消沉、机体懈怠；压力过大、超出负荷，应对不良就会让人出现身心问题。

我们可以用这个现象来解释压力的双重影响：戈壁滩公路上限速的烦恼，限速解除后的兴奋与雀跃。

我们很多员工都在新疆、甘肃、青海等人烟稀少的沙漠、戈壁滩工作过。你一定还记得这样的情况，在这些"天上无飞鸟，地下不长草，风刮石头跑"的地方，公路修得也不错，路上也没有什么车，可是常常限速 40 或 60 千米 / 小时。我们的车况一般都很好，在这种限速制约下跑不起来，性能也发挥不出来，无论司机还是乘客那个别扭啊，纷纷抱怨，觉得太窝囊了！"这么好的路又没有别的车，限什么速啊！"走着走着，限速解除了，欢呼雀跃的司机一脚油门踩下去，车冲出老远，乘客也开心地喊："加快！再加快！"一会儿，车速到了时速 110～120 千米，车的良好性能发挥出来了。如果车上没有安装限速警示系统，还会继续加油，很快就到了时速 160 千米、180 千米，这个时候如果不减速，再继续加油就危险了。

压力对人的双重影响也是这样，当你没有压力时，就像很好的车开 40 千米 / 小时的感觉；有一定压力时，会激发你的工作激情和潜能，这时你的状态最好；而压力达到一定程度时，会随着承受时间的延长，工作状态陡然下降，甚至接近崩溃。

压力水平与工作绩效之间存在一个变化规律。如果没有压力，你就达

# 第一篇 压力管理

不到完成任务所需的思维、情绪和活动水平；但是如果压力太大，也将干扰任务的顺利完成。因此，压力在中间状态时是最好的状态，绩效最高。

动机与情绪息息相关，动机与压力也息息相关。动机适中时的绩效最高。动机低，没压力，没有绩效；动机太高，压力太大，绩效也不会高。因为紧张过度时会出现保护性抑制，会发挥失常。

管理者与人力资源部门应当探索员工的工作绩效曲线，了解员工适宜的工作压力水平，使员工的聪明才智得以充分发挥。

## 不同的认知产生不同的结果

环境事件是否构成压力，威胁有多大，不同个体存在很大差异。同样一件事，不同的人感受、看法不同；同样一件事，同样一个人，在不同的时期，感受、看法也会不同。

比如上大学，对成绩优秀、家境良好的学生来说是一件喜事，而对于一个贫困的农民孩子来说，就是极大的压力事件，也许这个农民从此就要背上沉重的债务。子女大学毕业了，本来是应该高兴的事，但现在工作难找，对许多职工来说就成为一件让人头疼的事。

心理学有个"情绪90/10法则"，也称为"情绪ABC理论"，是说情绪的产生并不是由某一诱发事件本身直接引起的，而是由经历事件的个人对事件的解释和评价所引起的。

任何事情本身都没有好坏之分，是人们自己赋予这件事一个"好"或"坏"的定义。人们对自己定义为"好"的事情会欣然接受，对自定义是"坏"的事情就会出现愤怒、生气、郁闷、沮丧等负性情绪。

同样一件事，因为想法、看法不同，会有多种情绪和行为结果，其根本原因就是你看这件事情的角度和你赋予的意义不同所致。举例来说，某个人在商场里被踩了一脚，他对这件事情的看法决定了他会有什么感受以及会采取什么行为。如果他认为踩脚的人是故意冒犯自己，而自己也有自卫的能力，估计他就会上去也踩这个人一脚；如果他认为这是因为人多，别人一时疏忽踩了他的脚，他就会原谅对方，同时也会欣赏自己的大度；如果他想这个人是存心踩他的脚，可能就要琢磨："为什么要踩我呢？是提醒我什么吗？"

比如在荒漠看到半杯水，是首先看到半杯水而欣喜，还是首先看到半个空杯而悲观绝望，取决于我们的思维方式是乐观的还是悲观的。

当你面对一件事，更多的是看阴暗面还是看光明面？当你面对一个人，更多的是看缺点还是看优点？当你面对危机，更多的是看危险还是看机遇？当你面对失利，更多的是看失去的还是看得到的？

选择什么角度去看，这是每个人的自由，也是每个人的智慧。但你应该知道：看法决定想法，想法决定做法，而做法很多时候决定了结果，结果决定了你的命运！

## 压力有累积效应

生活事件有正性和负性之分，其影响作用是不同的。负性事件会带来不良情绪，这些大家都已认可，但正性事件同样需要付出努力去应付，也会造成压力。比如，结婚、孩子出生、买了新房子都是好事，但同样给人带来压力。

生活中发生的重大变化，如离婚、亲人去世、工作变动等，会使人产生紧张和压力，像巨石一样砸下来，令人应接不暇，心理学把这种压力带来的影响称为"巨石效应"。事件越严重，数量（次数）越多，持续时间越长，影响就越大。

日常生活中的小烦恼虽然不会立即产生明显的消极影响，但是日积月累，也会增加心理负担，心理学把这种压力带来的影响称为"细沙效应"。这些烦恼就像鞋里有沙子，虽然不大，但让你很不舒服。当烦恼的压力累积到一定程度时，即使只增加一个微小的刺激，也足以使人崩溃。就像古

第一篇 压力管理

谚语说的"最后一根稻草压塌了骆驼的背脊",并不是这一根稻草有多重,而是当骆驼背上的负担已经足够重了,接近了它能承担的极限,这时稍多一点点的负担都能把它压垮。

我们每个员工背负的包袱已经很沉:工作压力、个人成就、买房租房、经济收入、婚恋烦恼、家庭关系、子女教育、赡养老人、社会环境、多重角色,等等。当这些包袱已经让你快喘不过气来了,一旦出现任何变故都足以把你压垮。

有时在电视上看见"母亲一怒之下打了儿子,儿子想不开跳了楼",记者们会评判母亲不该发怒、儿子不该草率,其实,这绝不是一次事件就能导致这种结果的,在平时就已经积累了很多的恩怨了,这些压抑的恩怨就像是在埋地雷,这只是个导火索而已。聊天中,也会听到有人感慨身边的事:这个人挺开朗的呀,怎么这件事就能把他打趴下了呢?其实,"冰冻三尺非一日之寒"。

## 压力反应与个人的应对方式有关

应对可以被直接理解成是人们解决生活事件和减轻事件对自身影响的各种策略,所以又称为应对策略。应对概念的含义是很广的,或者说应对是多维度的。

应对策略是针对事件或问题的,就属于"问题关注性(指向性)"应对,是通过改变个体支持性的行为或改变环境条件来对抗应激源。如是针对个体的情绪反应的,称为"情绪关注性(调节性)"应对,是通过应对以降低烦恼并维持一个适当的内部状态以便较好地处理各种信息。

我们还是举年轻人和女朋友发生意见分歧的例子来说明:"问题指向性"应对是要么主动沟通求得和解,要么从此分手;"情绪调节性"应对方式是向别人倾诉减轻困扰,或者是做别的事情转移注意力。

还有研究学者把应对策略分为对抗、淡化、自控、求助、自责、逃避、计划和自评；或者分为解决问题、自责、求助、幻想、退避和合理化等应对方式；还有分为控制式应对、支持式应对、回避式应对等。无论怎么分类，从字面意思上大家都能分辨出来有些方法或策略属于消极应对，而另一些方法或策略属于积极应对。

采用积极应对方式的人，压力感会降低；采用消极应对方式的人，有时反而加重了压力感。

我们都知道，压力源或者说生活事件，不直接与压力反应有关，而是受到许多中间环节的影响和干扰：同样一个事件，因认知模式、应对方式、社会支持和个性特征等不同，压力反应会不同，我们前面所介绍的内容都是在阐释这个压力系统理论。

有些压力源不是通过我们的努力就能够控制或改变的，比如我们前面谈到的很多因素：石油行业工作的特殊环境、工期的变更、夫妻分居两地等，均不由我们控制，但是，我们可以通过调整这些中间环节，如改变认知模式、提高应对技能、提供社会支持、重塑人格特质等，来减轻各种压力导致的生理反应、心理反应和行为反应，从而能很快达到一个新的平衡，这才能从根本上做到维护心理健康。

## / 第五节 /
## 精神、信念与承受压力

在当年大庆会战的万人誓师大会上，王进喜郑重宣誓："宁肯少活20年，拼命也要拿下大油田！"这铿锵的誓言，成为铁人后半生的思想动力。有一年在北京大街上看见的那个"煤气包"成为王进喜后半生为油而战的思想动力源。王进喜还有股子不服输的劲儿，当听到别的钻井队月进尺突

## 第一篇 压力管理

破千米时,他就更加奋发,采用优化技术提高钻井速度;为了掌握新知识,他挑灯夜战刻苦钻研;为保住油井,在出现井喷时,他毫不犹豫跳进泥浆池中,用身体搅拌泥浆。为何他能如此奋斗被誉为"铁人"呢?

老石油部长余秋里说:"王进喜不安于现状,不拘于常规,奋发思变,带动了全国钻井事业的发展。"

大庆会战时期讲的"三股气":"对一个国家来讲,就要有民气;对一个队伍来讲,就要有士气;对一个人来讲,就要有志气。"

这就是大庆精神!其内涵:为国争光、为民族争气的爱国主义精神;独立自主、自力更生的艰苦创业精神;讲究科学、"三老四严"的求实精神;胸怀全局、为国分忧的奉献精神。

心理学如何去解释这些精神呢?或者说这些"精神"的内涵是什么呢?准确地说,这就是"信念"!

### 信念的力量

当你对某事物产生了强烈的愿望的时候,就会在心里产生一种信念,正是这种信念,使你无往而不胜,可以战胜一切恐惧。

青海石油人在五十年的柴达木石油勘探开发中,把个人、油田和国家的命运联系在一起,时刻以国家和油田利益为重,个人服从油田,油田服从国家;自力更生,艰苦创业,千方百计为祖国找石油,多找油,发展柴达木石油工业;在"天上无飞鸟,地上不长草,风吹石头跑"的恶劣环境里,忍受着常人难以忍受的痛苦,克服着常人难以克服的困难,为油而战。这就是柴达木石油精神:顾全大局的爱国精神、艰苦奋斗的创业精神、为油而战的奉献精神。

在长达2000余千米的涩宁兰输气管道上,被喻为"戈壁沙滩的夜明珠""涩宁兰西线的支撑点""西线后勤保障基地"的"百面红旗单位"德令哈站,位于海拔2900米的戈壁滩上,其下辖的羊肠子沟站更是以3460米的高度，被业内称作"铸在世界屋脊"上的输气站，成为目前全球海拔最高的有人值守的输气管道场站。

"缺氧不缺精神，艰苦不怕吃苦，海拔高追求更高，风沙强意志更强"的"涩宁兰精神"，是站队的口号，是员工们的精神追求，更是他们工作生活的真实写照。

管道公司有位领导说得好："在平凡的、常态的环境中干好工作是优秀，而在不平凡的、非常态的环境中干好工作那就是卓越！"

那位让党徽在海拔4100米闪光的加油站长，在甘孜州海拔最高、气候最寒冷、自然条件最差的地方之一的色达县一干就是41年。他说："条件越艰苦越要奋斗，环境越恶劣越要奉献。"

……

为什么王进喜能奋不顾身跳入泥浆池？为什么涩宁兰输气管线德令哈站成为红旗单位？为什么那位加油站长高原坚守41年？

是信念！是为了能源事业"爱国、创业、求实、奉献"的信念！

信念是人性中最坚强的东西，缺少了它，人就很难经得起何种打击。的确，世界上没有任何力量像信念这样深刻地影响着我们的工作和生活。

我们一提信念，也许会使人联想到"共产主义"，这里所说的信念，不是信仰层面的意思。通俗点说：是一个人对某种思想或事物坚信不疑，并积极身体力行的心理态度和精神状态，而且会跟随着相符的行为准则。在心理学上，信念是指人们对基本需要与愿望产生的强烈、坚定不移的思想情感和意识。信念是意志行为的基础，没有信念，人就不会有意志，更不会有积极主动的行为，信念是一种心理动能。从本质上讲，信念表达一种态度——与知识和客观真理相关的态度，它直接与价值观相关。

人一旦拥有信念，就会产生无穷的力量。你想拥有一个什么样的人生，你的人生是成功辉煌还是黯然神伤，很大程度上在于你持有一个怎样的信念。每个人的身体里都蕴藏有一种力量，如果能发现并利用它，将成为自

第一篇 压力管理

己梦想或理想中的那个人。如果有人说"我能行，我要去做，我会去做"，这种信念必将支持着他坚持到底。

王进喜有这种信念，大庆人有这种信念，青海油田人有这种信念，涩宁兰管道人有这种信念……许许多多的石油人有这种信念！

一个坚信自己拥有奉献能力的人，不论是在遇到突发状况之际，还是陷入困境之时，他都不会感到害怕，更不会失去勇气，因为他深知自己具有的非凡能力会立刻发挥作用。

信念的力量是无穷的！

古今中外，有多少伟人一生都坚持着自己的信念：朱自清宁肯饿死不吃美国的救济粮；文天祥死前哀唱"留取丹心照汗青"；诸葛亮为实现抱负"鞠躬尽瘁，死而后已"；新中国成立前与敌人斗争的地下共产党员为了早日解放全中国，实现共产主义可以"视死如归"……由此我们可以得到这样一个结论：坚持自己的信念时，即使付出自己的生命也在所不辞！

我想，为祖国献石油的信念，最能够解释王进喜的"铁人"精神、涩宁兰的"海拔高追求更高、困难强意志更强"的精神、许许多多石油人的"奉献能源、构筑和谐"的精神了吧！

现代社会，虽然工作条件比王进喜时代大有改善，虽然生活水平飞快提高，虽然知识已然检索就能获得，但我们仍然是石油人，仍然是要在荒凉的沙漠、贫瘠的戈壁上，不断地找油、采油、炼油、卖油，因为我们的国家仍然能源不足，我们仍然肩负着王进喜时代的使命。我们走出国门，甚至冒着各种恐怖袭击等生命危险，离开家乡、远离亲朋好友，为了祖国的能源事业贡献着自己的力量，我们学习着大庆精神，我们向全球展示着铁人精神。因为我们知道，很多时候，打败自己的不是外部环境，而是自己。人生就是要追求、要奋斗，无论处境是多么的艰辛，也要在心底保持一份信念。信念能使人释放出几近神奇的力量，只要信念还在，只要希望永存，胜利终将来临！

## 逆境商和挫折耐受力

这里我再介绍一个与应对压力有关的概念——逆境商或逆商（AQ），它明确地描绘出一个人的挫折耐受力。简单地说就是当面对逆境或挫折时，不同的人对待逆境或挫折产生不同反应，这种反应的能力就是逆境商（挫折商）。

在前面介绍压力对人的影响时，曾提到过人们对挫折和逆境的承受能力有差异，在这儿我们更详细解释一下。挫折承受力包含了挫折耐受力和挫折排解力，挫折耐受力是指人们受到挫折或处于逆境时，有一定的心理弹性，可以经受挫折的打击和逆境的压力，仍然保持着正常的心理和行为能力。挫折排解力则是指人们受到挫折后，对挫折进行直接的调整和转变，积极改善情境，解脱挫折状态的能力。挫折的耐受力和排解力是两个既有联系又有区别的概念。两者都是对挫折的适应能力，共同组成为挫折的承受力。耐受力是适应的前一阶段，是对挫折的被动适应，表现为对挫折的负荷能力，为排解力提供基础；而排解力是适应的后一阶段，是对挫折的主动适应，表现为对挫折情境的改造能力，是对耐受力的进一步发展。耐受力是接受现实，能够减轻挫折情绪反应的强度；排解力是改变现状，促使自己满足需要和实现目标。

每个人都会有难题，都会遭遇困境。有的人碰到了难题，就认为是一种挑战，是磨炼自己意志、增强进取欲望的机会，这种人的抗挫折能力就高，解决了难题后还会产生成就感、自豪感，越来越喜悦；而有的人遇到困难时，则会认为自己倒霉，是自己的命不好，认为是天意要扼杀他，人人都对他不公平，牢骚满腹、怨天尤人，这种人的抗挫折能力很弱，往往情绪会越来越消极。

逆境如同一把双刃剑，它既可以为我们所用，也可以把我们扼杀。关键要看你握住的是刀刃还是刀柄。

## 第一篇 压力管理

有这样一个故事：蝴蝶出生的启示。

一天，一只茧上裂开了一个小口，是蝴蝶欲破茧而出，有一个人正好看到这一幕，他就好奇地观察着。蝴蝶艰难地将身体从那个小口中一点点地挣扎出来……几个小时过去了，蝴蝶似乎没有任何进展。看样子它似乎已经竭尽全力，不能再前进一步了……这个人实在看得心疼，决定帮助一下蝴蝶。他拿来一把剪刀，小心翼翼地将茧破开。蝴蝶很容易地挣脱出来。但是它的身体很萎缩、很小，翅膀紧紧地贴着身体……

这个好心好意的人并不知道，蝴蝶从茧上的小口挣扎而出，是上天的安排，它要通过这一挤压过程将体液从身体挤压到翅膀，这样它才能在脱茧而出后展翅飞翔……

这个故事给我们的启示是什么呢？经历逆境是成功旅程的必有过程；没有经历逆境挑战的成功，就无法充分体验成功的喜悦；提高克服逆境的能力，是走向成功的重要条件。

根据美国著名学者、AQ专家保罗·史托兹博士的研究提示，一个人的AQ越高，越能以弹性面对逆境，积极乐观，接受困难的挑战，发挥创意找出解决方案，因此能不屈不挠，越挫越勇，而最终表现卓越。相反，AQ低的人，则会感到沮丧、迷失，处处抱怨，逃避挑战，缺乏创意，因而往往半途而废、自暴自弃，终究一事无成。

保罗·史托兹的研究结论告诉我们："为什么在智力、资本和机遇相同的条件下，有的人能步步高升，而有的人却一败涂地呢？归根到底在于他们迎接挑战、克服困难的能力，即逆商不同。"

有一个孩子对母亲抱怨自己的剑太短了，母亲回答说："儿子，前进一步你的剑不就长了吗？"这是握住了刀柄。在高原、在戈壁、在荒漠，与外界接触机会少的同时也减少了外界带来的干扰，可以利用业余时间学习知识、掌握技能、苦练基本功，成为技术能手，这也是握住了刀柄。你解决了一个个难题，就是取得了一个个胜利，这些胜利就是成功之路上的一个个阶梯。每当你取得了一个胜利，你就增长了一些智慧，也就向成功靠近了一步。

人在逆境中，如果只是沉浸在逆境情绪中，就只会是一味地抱怨，结果会放弃努力，会更加不顺心、更加不如意，这是握住了刀刃，在带来浑身伤痛的同时进入新一轮逆境的恶性循环。

"大庆精神""铁人精神"的"有条件要上，没有条件创造条件也要上"体现出大庆会战员工有着极高的逆境商、极强的抗挫折能力。因为他们坚信，在这个世界上，只要你始终存有一份坚定的信念，就没有人能够使你倒下，就没有战胜不了的困难！

逆境商的高低仍然与信念有关！无论怎样绝望，都要保持一份信念！

## 逆境中亮剑

电视剧《亮剑》，许多男人都爱看，有不少人看了多遍，为什么？是因为剧中所表现的临危不惧的精神：当知道对立者不是自己的对手时，为出剑；明知道自己不是对立者的对手时，为亮剑。面对强大的对手，明知不敌，也要毅然亮剑。即使倒下，也要成为一座山，一道岭。这便是"亮剑"精神，也是中国军人的军魂。

所有的成功都不会轻易获得，每个人都有一段艰难的历程，只有在最艰难的时刻，咬牙坚持了，才能最终取得辉煌的成就。最黑暗的时刻是黎明即将到来的那一刻。告诉自己，走过了艰难就会有阳光了，那么，你就会战胜一切困难和逆境，最终收获成功。

铁人王进喜的那股不服输的劲儿、德令哈站小伙子们那股缺氧不缺精神的士气，都是在逆境中亮剑！

麦当劳的老板雷·克洛克经常告诉他的部属与他的员工："很多人很聪明，但却一辈子穷困潦倒，原因就在于他们在遭遇逆境时便放弃了行动的目标，他们不明白只有努力才是人生的至宝。勇敢地面对生活的逆境，并

第一篇　压力管理

去战胜它,在你突破逆境到达成功的顶点时,你就能感觉到自己心灵的富有。"

人生需要信念——坚定的信念。尽管人生的道路布满荆棘、充满坎坷,但只要拥有坚定的信念,就会看到希望,看到曙光。坚定的信念不是从来就有的,它总是徘徊于坚持与动摇之中,总是彷徨于前进与退缩之中。信念的失去固然有外在迫力,有种种的无奈,但主要原因还是自己不再坚守,外因永远靠内因起作用。

信念越坚定,成功就离你越近!

趣味测试

### 职场上你的逆境商(AQ)有多少

许多人在职场上遇到困难或重大挫折时,虽然一时悲痛、沮丧,但最终能挺过来开始新的发展,也有些人一蹶不振、自卑自弃,职业发展从此跌入低谷。这两种结果的差别就在于逆境商(AQ)不同。测试一下自己在职业方面的逆境商,了解一下自己应对挫折、逆境的能力。

## 第六节
## 怎样提高应对压力和挑战的能力

许多人面对压力时有很多的无奈。

我们从小受到的教育是要有远大的目标和抱负。自我激励、自我施压是东方传统的奋发方式,然而要化压力为动力,哪里会这么简单!

中国人口众多,资源短缺,我们背着最重的包袱,走着最长的路,奔着最高的目标,拼着最快的速度,像一个超载的汽车,高速行驶,永远没有刹车,让所有的乘客和司机都承受着巨大的压力。

中国人性格比较内向和含蓄,有什么事总是自己忍着,表示坚强,"死要面子活受罪",对心理疏导的重视度和关注度远不如西方。

我们每个人都这么认为:我这么努力地工作,是为了更好地生活。可结果是物质水平越来越高,生活享受越来越多,而身体状况却越来越糟,精神状态也越来越差。

上述状况如果要改变,归结起来,就是要不断提高自己应对压力和挑战的能力!

现在,我们就从压力系统模型的几个中间环节入手,一起探讨怎样提高应对压力和挑战的能力。

### 第一个环节:改变认知模式

在生活和工作中,有很多压力来源于不切实际的思想和信条,因此,改变容易产生压力的思维模式是摆脱压力的一种根本方法。那么,如何改变自己固有的思想？如何给自己创造一个轻松的思维空间呢？

## （一）建立积极信念

运用积极心理学的原理塑造阳光心态，建立积极向上的信念，能促使我们发现并利用自己的内在潜能，进而提升个人的素质和生活的品质，也是减少压力、获得快乐人生的根本要素。

关注积极体验、关注环境与事件的积极意义、关注幸福感、满意感、快乐感，建构对未来的乐观主义态度和对生活的忠诚；培养和提升爱的能力、工作的能力、创造性思维和积极的人际关系等。

大家还记得"汶川地震"那些被埋了很长时间最后奇迹般生还的人们吗？还记得山西"王家岭煤矿透水事故"被困井下最后升井成功的矿工吗？很多人坚持等待到救援，都是凭借着有一个坚定的积极信念！这就是阳光心态、积极信念的力量。当你以积极的信念去面对工作和生活时，你的潜能就会得到挖掘与发挥，心灵深处自我实现的需要就会得到满足。

## （二）选择遵循满意原则

人们为什么面临选择就面对了压力，这是因为，要选择，就要权衡，要权衡，就容易患得患失。

诺贝尔经济学奖得主、心理学家凯尼曼教授，用他的心理学研究挑战了传统经济学的"理性经济人"假说，认为人从根本上并非仅仅追求利益最大化，而是追求感受最大化，认为利益的满足归根结底还是"心理感受"的满足。比如说，早晨上班要穿什么衣服？一般会把自己的衣服逐一进行比较，然后选择出一个相对比较满意的。另外，大家都有过相亲的经历或至少听说过相亲的过程。一般来说，觉得条件合适就去见，如不太满意再见第二位、第三位，终于满意了，相处一段时间还不错，就结婚了。但如果要把所有的未婚者都看一看，比较一下哪个最好，从中选一个，这种选择基本不可能吧？

西蒙教授还提出了"心理能量有限"说，意思是人的心理能量有限，决定了你的注意资源有限；同时，人的生命能量有限，决定了你不会去无限制地比较。因此，面对选择，决策的原则是：满意就好、差不多就行、没有完美——这就是科学、合理的决策。

所以，要学习做到：无论面对什么环境都能决策；无论什么决策都不会后悔，欣然接受。

另外，从西蒙教授的研究结果还可以看出，人性所受到的压抑以及所感受到的心理压力，与经济需求的"满足"不是简单的线性相关关系，经济需求的满足不完全取决于经济本身，因此，解决压抑以及压力问题也不能仅仅借助于"经济手段"。

## （三）改变惯性思维

人们在一定的环境中工作和生活，久而久之就会形成一种固定的思维模式，使人们习惯于从固定的角度来观察、思考事物，以固定的方式来接受事物。惯性思维常会造成思考事情时有些盲点，且缺少创新或改变的可能性。

一个学者给他的学生们讲了这样一个故事：五金店里面来了一个哑巴，他想买一枚钉子。他对着服务员左手做拿钉子状，右手做握锤状，用右手锤左手。服务员给了他一把锤子，哑巴摇摇头，服务员给了他一枚钉子，哑巴很满意，就离开了。这时五金店又来了一个盲人，他想买一把剪刀。这时，学者就问：这个盲人怎样以最快捷的方式买到剪刀呢？一个学生说，他只要用手作剪东西状就可以了。其他学生也纷纷表示赞成。学者笑着说，你们都错了，盲人只要开口讲一声就行。学生们一想，发现自己的确是错了，因为他们都用惯性思维思考问题。

有这样一个问题：一位公安局长在路边同一位老人谈话，这时跑过来一位小孩,急促地对公安局长说:"你爸爸和我爸爸吵起来了!"老人问:"这孩子是你什么人?"公安局长说:"是我儿子。"请你回答:这两个吵架的人和公安局长是什么关系?

这一问题,在 100 名被测试者中只有两人答对!后来对一个三口之家问这个问题,父母没答对,孩子却很快答了出来:"局长是个女的,吵架的一个是局长的丈夫,即孩子的爸爸;另一个是局长的爸爸,即孩子的外公。"

为什么那么多成年人对如此简单的问题解答反而不如孩子呢?这就是惯性思维的效应:按照成人的经验,公安局长应该是男的,从男局长这个心理定式去推想,自然找不到答案;而小孩子没有这方面的经验,也就没有思维惯性的限制,因而一下子就找到了正确答案。

能够把人限制住的,只有人自己。人的思维空间是无限的,像曲别针一样,至少有亿万种可能的变化。也许我们正被困在一个看似走投无路的境地,也许我们正陷于一种两难选择之间,这时一定要明白,这种境遇只是因为我们固执的惯性思维所致,只要勇于重新考虑,一定能够找到不止一条跳出困境的出路。

### (四)换个角度看问题

有许多的环境或者现实问题凭借我们个人的力量是无法改变的,与其纠结其中让自己苦闷,不如从另一个角度重新评价一下,也许感觉就会有不同。

我们常常说:事情本身并不重要,重要的是对事情的看法。

就说我们在前言中提到在国外的施工现场,有人认为自己被保安护卫就像犯人一样,为此每天闷闷不乐。

我提醒他:你是犯人吗?他梗着脖子回答:"当然不是啊!"

我说:既然你知道自己实际不是犯人,那你想想,在国内,除了犯人,还有没有什么人可以有这种待遇啊?他想着想着就乐了:"国家领导人呗!"

我说：对啊！我来到这里也受到这样的待遇，我很自豪，我回国就有吹牛的资本了，作为中国石油的员工，在国外工作，享受着国家领导人的待遇，多自豪啊！回到国内，谁还理你啊！

这个员工豁然开朗起来，说一会儿就给老婆打电话，告诉她，自己在这可是有护卫接送的哦！

当我们无法改变现状时，不如换个角度去看待同样的问题，你的心情会阳光明媚许多。真的是换一个字眼就换一种心境，换一个角度就换一片天空。

## （五）换位思考有帮助

换位思考也是减轻压力的一种思考模式。某件事情让你感觉有压力，或者压力来自于别人，如果站在对方的立场上思考一下，也许问题就能迎刃而解了。

换位思考：是人对人的一种心理体验过程。将心比心、设身处地，是达成理解不可缺少的心理机制。它客观上要求我们将自己的内心世界，如情感体验、思维方式等与对方联系起来，站在对方的立场上体验和思考问题，从而与对方在情感上得到沟通，为增进理解奠定基础。它既是一种理解，也是一种关爱。

我们有很多员工，包括自己的父母、领导可能都没有接受过有效人际沟通的相关知识，在沟通中，难免会有让自己或对方感到被"冒犯"、被"误解"、被"羞辱"的时候。如果对此耿耿于怀，心中就会有解不开的"疙瘩"；如果我们能深入体察对方的内心世界，或许能达成谅解。

有一次，我到一个工地，有个年轻的女工说着说着就哭了：领导太不给我留面子了！我们领导，常常不分青红皂白、当着众人的面劈头盖脸地把我们骂一顿，弄得我们下属很没有面子，还不知道具体哪儿做得不对。有时候真想一甩手走人不干了！

我能够理解她的心情。

我们可以站在对方的角度想想,他/她的出发点是好的啊!他们只是没有像我们一样具备更多的知识,知道要考虑对方的感受而已;反过来也更说明我们自己具有了这样的知识和能力,以后会用别人能够接受的方式方法处理问题。

还有可能当时领导或父母心情欠佳,自然在交往中把不良情绪带了出来。这时要有同情和宽容的心态。这个世界无论科技如何进步,物质条件如何提高都改变不了一个事实:"做人不易。"高官不易,富豪不易,爹娘不易,自己不易,上司不易,员工也不易。既然大家都不易,那我们对别人的失意、挫折、伤痛,就不宜幸灾乐祸,而应给予关怀,要有宽容的心!

一般来说,只要不涉及原则性问题,都是可以谅解的。谅解是一种爱护,一种体贴,一种宽容,一种理解!

有一个幽默故事:

妻子正在厨房炒菜。

丈夫在她旁边一直唠叨不停:"慢些、小心!火太大了。赶快把鱼翻过来,油放太多了!"

妻子脱口而出:"我知道怎样炒菜。"

丈夫平静地答道:"我只是要让你体验一下,我在开车时,你在旁边喋喋不休,我的感觉如何……"

## (六)扩大你的参照系

据说,探险队在南极的时候,最怕的不是暴风雪,而是遇到了白化天气:眼前白茫茫一片,看不见任何参照物,完全找不到方向,如果没有GPS定位,就将寸步难行。人生的路上,工作的过程中,也经常会出现"白化",每天忙忙碌碌,不知道离实现目标还有多远。由此可知,没有参照物，就找不到方向。

然而，选准参照物也是至关重要的。我们知道，一辆以每小时80千米的速度在公路上行驶的汽车，假如把行人或自行车当参照物，那汽车是快的，但把空中的飞机、火箭作参照物，汽车就是慢的。你是否发现，参照背景不同，看到的事物也不同？

心理学有个视网膜效应，讲的是当我们自己拥有一件东西或一项特征时，我们就会比平常人更会注意到别人是否跟我们一样具备这种特征。比如你买了一件红裙子，你会发现怎么满大街都是穿红裙子的人？！你千挑万选买了一辆车，却发现怎么满大街跑的都是那一款的车呢？！

当你的注意力集中在不良事件时，你看到的所有事情都与这件事有关，更会使这种不良感受变得敏锐起来。

正如英国文学家萨克雷先生所言：生活好比一面镜子，你对它哭，它就对你哭；你对它笑，它就对你笑！只有当我们笑着面对这个世界时，这个世界才能笑着面对我们。以一种欣赏的眼光面对周围的一切，我们的工作、生活才能充满快乐！

人生不如意十之八九，对于人生而言，我们要找到一个合适而尽可能广阔的参照系。在大千世界中，你的苦恼、郁闷、不如意其实都不算什么。当你发现自己的情况糟糕时，不妨把这件事放到更大的参照系中去比较一下，也许并不像你想象的那么糟糕。

要想疏解压力，首先要能够超越自我。如果一个人活在患得患失小我的狭隘圈子中，压力会始终与之相伴；反之，如果一个人能够拥有一种大的宇宙情怀，压力感也会减少。

我们无法改变生命的长度，但可以通过努力不断扩大参照系，从家庭，到朋友，到社区，再到企业、国家和民族，甚至地球、宇宙和自然，来丰富生命的内涵，拓宽生命的宽度，提升生命的境界。

## 第二个环节：采用积极应对方式

这个世界在快速地变化，然而我们很多员工的知识没有随着提高，技能没有随着增加，所以常会有人抱怨：我原来一直就这么干的呀？！在这个知识快速折旧的时代，如果没有学习能力，无法跟上时代的步伐，不会过多久就会"OUT"出局！没有什么方法是放之四海而皆准的，只有不断总结、提升自己处理问题的能力，才能积极地、自如地应对各种压力。

### （一）果断做出反应，积极应对

当你有了压力，你的生理反应会向你的头脑发出命令，要么去反抗压力，要么被压力打败，选择逃避。但是，如果你没有在当时快速地冷静下来，那么你会在很长一段时间里不停地在反抗和逃避中选择，这会有损健康。下次遇到压力时，试着做深呼吸，或者用沉思来缓解压力，这样会让你很快地冷静下来，让身体恢复正常。

前面提到过，每个人都想寻找最理想的一半，企业也想追求利益最大化，领导决策也期望最合理、最准确，其实从心理学的角度去解释，所有的"最理想""最大化""最合理最准确"都不是真正意义上的，都是"心理感受的最大化"。因为"最"没有标准，而且也无法把所有相关信息资源进行比较；再者，此时的"理想、合理、准确"，未必以后还能继续"理想、合理、准确"，因为万物都在变化，人的感受也会随着变化。

心理学还有一项研究结果提示，并不是你的选择时间越长，你比较的资源越多，你的选择就越准确。还有些人常常自我纠结，放大了没有得到的，忽略了已经得到的。

因此，每一个人要练就无论面对什么环境我们都能决策；无论做了什么决策我都不会后悔，欣然接受。这就是快速决策！

积极应对，则是用积极的心态和方法应对面临的问题，比如，在戈壁、沙漠、高原的许多施工现场、运营生产单位，尽管员工们都面临着孤独、寂寞等情绪困扰，但如果大家采用的是积极应对方法，就能减少不良情绪的产生。如合理化法、转移法、升华法等，即反正不能改变环境，不如利用这段与世隔绝的时间，学习知识、苦练基本功，当技能获得提高以后带给你的欣慰感，能替代你的不良情绪。

## （二）放开你不能控制的事情

每个人都有自己关注的事、人、物，我们称之为人的"关注圈"。而关注圈里的问题可分为三类：第一类是与自身行为有关，属于自己可直接控制结果的问题，称为"影响圈"；第二类是自己间接控制，主要受他人行为影响结果的问题；第三类是无法控制的问题，或已成过去或客观环境使然。也就是说关注圈里的人、事、物，只有第一类自己可以左右其结果，第二类、第三类都不属于自己可控的，而现实生活中有很多人把这三类混淆了，明明自己左右不了结果，却非要较劲，造成自己不轻松，别人也不舒服。

有这样一对员工夫妇，两个人感情很好，但丈夫很苦闷，原因是夫人太"黏糊"，只要不在一起电话就常会打过来。比如要出差了，夫人会不停地打来电话问：和谁一起出差啊？男的还是女的啊？来接你的是什么人啊？住的饭店是什么样子的？等等。丈夫想随便敷衍吧，又觉得自己没做什么坏事；想说夫人别打听那么细吧，又怕夫人多想。有人帮他介绍了一个心理专家，聊了聊之后，他知道该怎么办了。

又一次出差了，刚下楼，夫人电话还没来，他打回去了：老婆啊，我这次出差还是和上次一起去的小伙子啊！到了机场，他又打电话给夫人：老婆啊，这次没有别人到机场会合，还是就我们俩光棍！到了目的地，他打电话说：老婆啊，我们住下了，这次住的内部招待所，外面的骚扰电话也打不进来，招待所里也没有洗头房、洗脚房……我办完事很快就回去啦！

## 第一篇　压力管理

这是一个比较典型的生活中常见的例子，显然夫人关注的事不是她控制得了的事。混淆了两者，丈夫很难受。但这位丈夫采用了积极主动的方式，把自己可控的、夫人关注的事情理顺了，夫人的电话自然少了很多。

你能说这个丈夫的做法不高明吗？

不用太在意不能左右的事情。不是古人说过吗：不要庸人自扰。外国人也在呼吁：对自己不能左右的事情就交给上帝去处理吧！

积极主动的人着重于个人可直接控制的影响圈，由此而让影响圈逐渐变大。辩证地说就是要关注影响圈，影响关注圈，来成就自己的一番事业。

### （三）学习知识，未雨绸缪

主动迎接工作压力，面对各种情况，只有一个应对方案是远远不够的。"博览群书""博学多才"都是在提示我们要与时俱进，知识更新。现如今，知识更新非常快，当你大学毕业，如果三年不学习，你的知识水平就已经"打折"了，如果五年、十年不学习，基本就要被淘汰了，这可不是耸人听闻。原来"司机"是一个令人眼热的职业，现在，开车已经是一个基本技能了吧？几乎所有人都是"司机"了！为什么？大家都在学习呗！

当你遇到事情时，首先把全部过程从头至尾了解清楚，并且事先设想任何可能遇到的问题，然后准备可以迅速替代的行动方案，所谓"兵来将挡，水来土掩"就是这个意思。

然而在很多场合，还是有把应急预案写给领导看，自己什么都没弄清楚的情况。曾记得网上有这样一个"如此应急预案"的帖子：

某一天，某一位领导突发奇想要检查下属单位的火灾应急预案。到了下属单位，领导问："有预案吗？"答："有啊！"领导说："拿来看看！"答："在我们头儿那儿锁着呢！""头儿呢？""头儿回老家了！"领导不爽，员工赶紧递上一支烟消气。

领导走到防火栓前看到防火栓用铁框锁了起来，就问："为什么锁着啊?"答:"怕别人偷水!""那着火了怎么办?"答:"拿钥匙开开就行了!""那就拿钥匙来!"答:"钥匙在头儿那锁着呢!"领导大为不爽,狠狠地把正吸着的烟扔在了地上。

这时,忽然真的一阵风刮来,把地上的烟头吹着了,领导及员工慌作一团,顿时火势蔓延起来……

这个帖子未必是真实的,但现实中确实存在类似现象。预案要熟悉,要演练,要做好准备,以免到时手忙脚乱,招致损失,这就是有备无患。

当你胸有成竹时,你对压力的承受力就强了;当你的知识面扩大了,技能提高了,更多难题你都能游刃有余地应对了。

## (四)学会时间管理

生活中繁杂的事务会将我们宝贵的时间和精力肢解,使我们没有充足的时间和精力去执行最重要的事情。这时,你会感觉到很大的压力。

时间就是生命,时间就是金钱,人们往往重视生命,乐于理财,而疏于时间的管理。如果你善用时间,也就是善用了你自己的生命。

一般人在不同的环境,不同的年纪,不同的心情下,对时间可能会保持着不同的看法,这些看法之间往往是相互矛盾的。例如有的人认为,光阴似箭,日月如梭;有人认为,时间就像蜗牛一样爬行,甚至有时候会认为,时间好像是处在静止状态。当有些管理者需要处理的事情很多的时候,总是会感到时间不够用,但是当他无所事事的时候,又不知如何来消磨时间。

时间不能存储,不能留下来,你只有安排、管理时间。时间管理就是事件的选择与规划。有效的办法是先分析一下什么对你是最重要的,哪些事情是次要的,重要的事情先做,次要的事情少做或不做,这样就可以为自己赢得宝贵的时间,这种方法叫作"优先顺序法"。

有一个新上岗的小闹钟,被安排到两个老闹钟中间去工作。左边的老

闹钟对它说：小伙子，好好干，你的任务是要准确地走十万八千秒呢！小闹钟一听就吓哭了，说：这么多任务，我可怎么干哪！然而，右边的老闹钟对它说：这很简单，你只要按部就班，每秒钟走一次就行了！

人们总是倾向于用简单的任务开始一天的工作，将艰巨的任务拖到后面，就像你伸开手臂举着杯子，开始没什么，但是随着时间的推移，你会很快感觉到压力。将最艰巨的任务放在早晨，这样你就能享受到效率提升及一天中剩下时间的平静带来的惬意。

其实，只要你感觉好，只要你的工作节奏和别人没有牵连，你可以根据自己的状态将最艰巨的任务或放在早晨，或放在晚上，或放在夜深人静的时候。

## （五）逆向思维处理问题

我们往往会遇到这样的情况：只从一个方向考虑问题，路子越走越窄，挫折感越来越强，甚至通常还会走入死胡同。这时，我们不妨换个角度来想一想，或许会出现意想不到的收获。

20世纪40年代，有一个德国工人在生产一批书写纸时，不小心调错了配方，生产出了大批不能书写的废纸，这个工人因此被解雇了。看到他生活、情绪都陷入低谷，这个工人的一位朋友劝解他说："把问题变换一种思路看看，说不定能从错误中找到某些有用的东西。"一句不经意的话，有如一束火花。不久，他惊异地发现：这批废纸的吸水性能相当好，可以很快吸干手稿墨迹和家具上的水分。于是，他从老板那里将所有废纸买下来，切成小块，换上包装，取名"吸水纸"，拿到市场上去销售，竟然十分抢手。后来，他申请了专利，并组织了大批量生产，结果发了大财。

逆向思维也叫求异思维，它是对司空见惯的似乎已成定论的事物或观点反过来思考的一种思维方式。即敢于"反其道而思之"，让思维向对立面的方向发展，从问题的相反面深入地进行探索，树立新思想，创立新形象。

当大家都朝着一个固定的思维方向思考问题时,而你却独自朝相反的方向思索,这样的思维方式就叫逆向思维。人们习惯于沿着事物发展的正方向去思考问题并寻求解决办法。其实,对于某些问题,尤其是一些特殊问题,从结论往回推,倒过来思考,从求解回到已知条件,反过去想或许会使问题简单化。

小时候我们阅读的司马光砸缸救人的故事,就是逆向思维的典型例子。有人落水,常规的思维模式是"救人离水",而司马光面对紧急险情,运用了逆向思维,果断地用石头把缸砸破,"让水离人",救了小伙伴性命。

## 第三个环节:获得社会支持

社会支持也称社会网络,是指一个人来自组织、家庭、亲属、朋友、同事、伙伴等的精神上和物质上的关注、帮助和支援,反映了这个人与社会联系的密切程度和质量。

社会支持分为客观支持、主观支持和支持的利用度。也就是说,如果给予了支持,自己没有领悟,或者领悟了也没有利用,这都影响社会支持的结果。

### (一)建立良好的社会支持系统

面对压力,既需要个人调整心态,战胜恐惧,积极应对,更需要社会支持系统。

人们在面临压力反应时,具有向周围群体获取社会支持以对抗压力的天性,而各种压力因素会影响社会支持。比如,夫妻经常争吵,会导致家庭内支持降低,这时来自家庭外(婚姻外)的任何示好都容易被当事人感受为良好的社会支持,就是主观社会支持水平提高,这会为婚姻留下隐患,有时候"第三者"的出现都是因为婚姻内部出现了压力而不经意间导致的。

处在同一个压力下，人们的亲和力会增高。比如，当人们处在黄山顶峰时，由于登高的压力反应，会产生紧张、兴奋等，这样就会使人与人之间的距离感缩小，互相之间会感到特别亲切、友善，也显得话多。但同样是这些人，如果此时正处在平常的市区街道上，人们之间的感受会大大降低，就显得有些冷漠。

## （二）利用各种可利用资源

任何心理成熟的独立的现代人，都需要他人的帮助，广泛的社会支持是缓解压力不可或缺的途径。

平时需注意扩大自己的交际范围，从没有利益冲突的第三方寻求心理支持。此外，家人是社会支持网络的重要组成部分，正如我们常说的"家是避风的港湾"，在我们近两年的调查中发现，被调查的员工社会支持60%以上来自家庭。

对于来自决策层、管理层的支持，员工缺乏领悟，也是压力没有减轻的原因之一。人类在压力下有天然寻求社会支持的行为倾向，然而在现实生活中，人们又往往不考虑社会支持的重要性。

我到现场时就发现，很多单位、很多工会系统为丰富员工的业余生活创造了很好的设施条件，但许多员工仍然抱怨生活枯燥，没有一点乐趣。我曾关切地问他们：为什么不去活动一下、看看书籍呢？员工回答说：我在家也没那个习惯啊！这些例子，是比较典型的社会支持的利用度有问题了，这等于放弃了社会支持。既然没有利用，社会支持的满意度自然就不高，当然自己的压力也没有得到有效管理。

在以后的工作中，一方面要加强客观的、可见的或实际的支持，包括物质上的直接援助和社会网络、团体关系的存在和参与；另一方面还要注意提高员工主观的、体验到的情感上的支持，主要指员工在社会中受尊重、被支持、被理解的情感体验和满意程度，这些与员工的主观感受密切相关。

## (三) 建立心理健康预警体系

将员工的心理健康水平纳入员工劳动卫生健康监护系统中，是目前各大企业致力研究的内容。石油系统内许多家单位已在员工定期生理健康检查的同时，开展心理健康相关筛查，建立员工心理健康档案。

通过筛查，早期发现人群中哪些人可能有心理障碍、有何种心理障碍及其严重程度如何；进而判断心理问题的相关来源；再根据问题来源进一步探求心理问题的成因，从而进行有效干预。

对个案问题采取面对面疏导的干预方式；对团体单位，则需进行汇总分析，对员工心理健康促进有效的方法加以推广，集中出现的困惑找出原因，拿出对策。这对于保障员工身心健康和促进安全生产，具有重要的现实意义。

## (四) 寻求心理医生帮助

这就像手指被刀割破一样，如果伤口小，贴个创可贴，过几天自己就能愈合了；而伤口大，流血不止时，就得找医生给缝合止血包扎。当人们心理调整不过来时，心理医生通过心理治疗及药物治疗，能帮助人们减轻痛苦强度，缩短痛苦时间，修正心理上的偏差，发挥人们的潜力，去重新寻求事业的成功。

在应对压力和处置问题过程中出现消极影响产生心理困扰时，应鼓励管理者或者员工积极寻求专业人员的帮助。

现在，各油田及专业公司都可以建立多种形式的心理咨询通道，为受到心理困扰的员工提供热线咨询、网上咨询、团体辅导、面对面咨询等，充分帮助员工解决心理的困扰或心理问题。

## 第四个环节：学会张弛有度

人们常说"登泰山而小天下"，以说明泰山的高大。但事实上登上泰山并不难，连很多老人都登得上去；相反倒是黄山的天都峰让很多人望而却步。为什么？通过观察你会发现，虽然泰山比较高，虽然泰山的石阶比较陡，可是每隔一段，就会有一块比较宽的地方，让你可以暂时休息缓冲。而黄山天都峰的险却并不是因为它高，而是因为中间没有留下让人缓口气的地方。

由此可以看出：张弛有度对人来说是多么重要，紧张当中要有节奏，忙碌当中要有休闲。工作压力日益增大的石油兄弟姐妹们，必须学会自己调节工作的节奏，给自己适当的缓冲。

许多人都以为，我们的心脏在不间断地跳动着，其实不是！事实上，在每一次收缩之后，它有一段完全静止的时间。当心脏以正常速度每分钟70次跳动的时候，一天24小时里它的实际工作时间只有9小时。也就是说，心脏每天休息了整整15个小时。如果不按照这个规律收缩与放松就是心律失常，时间长了就会得心脏病。

工作也是一样，不按规律紧张和放松，工作效率就不会高。

美国陆军做过多次实验，证明经过多年军事训练的坚强的年轻人，如果不带背包，连续行走数小时不休息，行军速度是很快的。但若每一小时休息10分钟的话，他们的行军速度就会更加快，也更持久。

美国一个管理心理学家做了这样一个试验：让一组身强力壮的青年搬运工人往货轮上装铁锭，小伙子们连续干了4个小时，结果勉强装了12.5吨的货物，而且个个都累得精疲力竭。一天后，同样让这些小伙子搬运同样的铁锭，还是用了4小时，但每工作26分钟就要求他们歇息34分钟，结果工人搬运了47吨铁锭，而且不觉得很累。试验表明，人体持续活动愈久或劳动强度愈大，疲劳的程度就愈重，消除的时间也愈长。这个管理心理学家发明了一个管理理论——"以最佳方式工作",其中一个要点就是要在疲劳之前就休息,对提高效率很有效。

### 第五个环节:学习放松身心的方法

虽然我们都想摆脱身心交瘁的状态,但我们大都未必想要逃离那些赋予我们压力的生活工作环境。因此,对那些更想积极面对压力的人们来说,学习几种放松身心的方法,能帮助疏解不良情绪,找回宁静、专注、放松和活力,帮助恢复原有的身心状态。

#### (一) 自我暗示法

这是一种在现代心理治疗、心理训练中广泛运用的调节身心机能的方法。它的特点在于自己通过言语或想象使自己的身心机能发生变化,方法简洁,并且容易达到自助的效果。

暗示现象在日常生活中随处可见。比如,中国古代成语中所描述的"望梅止渴""草木皆兵""杯弓蛇影"等,都是暗示作用的生动写照。

暗示的作用对人的心理活动和行为的影响是很显著的。例如,医生对一位心脏正常的受检者说:"心脏听来有点杂音。"其实仅仅只有轻微的收缩期杂音,属于正常生理现象,但医生这一句话,却可能给受检者带来很大的精神负担,通过暗示作用,就可能出现心慌、气短等症状,从而得一种"心脏神经官能症"。美国曾有一位电气工人,他在工作中碰到一根不带电的电线,但他以为是通电的,在这种自我暗示下,立即倒地身亡,身上呈现出一切触电致死的症状。这是因为暗示作用能够强烈地影响人体的生理机能。这都属于"否定式"暗示。

用"肯定式"暗示,则可以增强信心,调节自己的心理状态,动员自己最大的身心潜能去补充不足,并达到目的。应该时刻在心中默念:"我能

## 第一篇 压力管理

胜任!"或者"我可能会失败,但是失败是成功之母!只要坚持下去,一定会成功!"不论遇到什么样的阻力,要保持自信的精神状态,要坚信:"别人能办到的,我也能办到!"

此外,自我暗示的时间应选择在大脑皮层兴奋性降低的状态下进行,如早晨刚醒、中午午休和晚上入睡前进行,则效果较好。在大脑皮层兴奋性很高的状态下,不易进行自我暗示。如果需要立即进行自我暗示,应该尽量使自己的身心镇静,放松精神,排除杂念,在专心致志的状态下进行。

### (二)做个深呼吸

呼吸频率直接反映出压力等级,处于高度警惕、高度压力的状态时,人们的呼吸急促而浅,此时人们也许会换气过度,甚至可能会导致手脚麻木抽筋。而处于平静放松的状态时,人们的呼吸缓慢而深,并且毫不吃力。

我们可以反过来通过调整呼吸频率来消减压力。如果在几分钟内有意识加深加长我们的呼吸,那么我们的身体就会不自觉地摆脱高度警惕和高度压力的状态而变得平稳。实际上,许多压力管理项目都把它列为常规减压方式之一。

深呼吸的基本方法:(1)坐或站在一个放松的位置;(2)缓慢地从鼻子吸气,默数5下,每秒1下。感觉新鲜的气充满腹腔和胸腔,鼓起肚子,张开胸膛;(3)屏气,默数5下,感觉新鲜的空气注入全身;(4)将肺中陈旧的气从鼻子或嘴慢慢呼出,默数5下;(5)重复数次或数分钟,直至感到心情平静。

### (三)沉浸于美妙音乐中

听音乐是最普遍的松弛形式之一。音乐是人类美好的语言,每个人听音乐时会带来联想并赋予自己的意义。你可以选择能让你感到宁静和缓的音乐，闭上眼睛，随着音乐的节奏慢慢去感悟，轻松愉快的音乐会使人心旷神怡，解除紧张，让你沉浸在幸福愉快之中；你也可以选择听高亢激昂的乐曲，这会引起你积极的联想，逐渐使你的情绪由消极低沉走向积极向上，从而忽略烦恼重新起航；你还可以选择先欣赏古典舒缓音乐后播放爵士摇滚音乐，让自己先放松心情，再增加张力。总之，去寻找适合自己的音乐，多听多感受，你的身心状态就会随之改善。

已有权威研究对此予以证实：聆听合适的音乐可以有效地减压并帮助人们相对迅速地恢复良好的身心状态。

如果听音乐对你来说不足以使你兴奋，那么放声唱歌也是一种气度，一种潇洒，一种解脱，一种对释放的呼唤。还可以试着学习和演奏音乐，一项对奏乐和压力的关系的研究证明，在办公室的角落里放把吉他，并在午饭时间奏上一曲曾经让自己激动的乐曲，会让你紧绷的神经慢慢舒缓开。

## （四）运动宣泄

日本早就有了宣泄室。在法国出现了新兴的行业：运动消气中心。该中心有专业的教练指导人们如何用大喊大叫、扭毛巾、打枕头、捶沙发等方式来"减压消气"。当然，即使我们身边没有这样的专业中心，我们依然可以采用更加传统的方式，去健身房，去体育馆，跑步、游泳、打乒乓球等都是很棒的放松身心的项目。当然，若有条件的话，选择适当的室外运动更佳。

人体的汗液可以排出压力产生的有害物质，所以运动出汗也是减压的常用方式之一。

在塔克拉玛干沙漠腹地作业区，我在现场听员工们倾诉自己的"沙漠综合征"。我发现了一个现象——员工们无论在作业区工作还是在休息区休息，出出进进全穿着红色的工作服。我给他们提了以下两个建议。一是

第一篇 压力管理

区分工作时和休息时的颜色。大家在我的启发下都联想到了西方的斗牛表演，我们时刻都在红颜色的刺激下，"躁"是不可避免的。因此，在作业现场，按照HSE的要求着装，回到休息区，换成能诱导自己安静的颜色，蓝的、绿的等。二是组织员工拔河比赛，所有人参加，"一个都不能少"。一部分人分成两队拔河，另一部分人分成两队加油，拔河的人出汗，加油的人呐喊，大家的压力不仅都宣泄掉了，很长一段时间大家还会谈论这些话题，对员工联络感情、增进友谊也有帮助。

总之，疏解不良情绪、放松身心的方法有很多，只要用心就会找到。关键是要找到适合自己的方法，持之以恒加以练习，慢慢就会调节自如了。

## 附：放松训练五部曲

当烦恼、愤怒等负面情绪向你袭来的时候，不妨做做以下的小训练，让自己的心情逐渐平静。

第一步，坐在一张舒适的椅子上，从脚趾开始放松，直到你的头顶，感受你身体的每一部分是否都放松了。然后，在心中默念："我的脸颊放松了……我的额头放松了……我的肩膀放松了……我的上肢放松了……我的手指、脚趾都在放松。"

第二步，把你所有的不愉快想象成暴风雨中的湖面，波涛汹涌、电闪雷鸣、浪花飞溅、声如洪钟……

第三步，暴风雨过去了，波光粼粼的湖面如同一面镜子般宁静，海鸥在自由地飞翔。

第四步，想象你曾经看到过的最美丽、最幽静的景色。比如，日落时的树影、清晨寂静的深山峡谷、正午的森林，或者是在云朵中穿梭的月亮。让这些景色在自己的记忆中重新复活，也可以回忆你曾经闻到过的花草的阵阵清香。

第五步，把一系列表达安静、平和的字眼，比如"宁静""沉着""平缓"等词轻轻地重复念出，并想象与之相应的音乐节奏。当心情平静以后，你就能够以理智的心态去面对困难，或许，难题就会迎刃而解。

更多精彩内容请扫码观看视频

# 第二篇　情绪调试

　　请问你有这样的体会吗？心情好时，做什么事都得心应手；而心情不好时，做什么事都不顺利？在生活中，你是否一遇到不高兴的事情就垂头丧气？在工作中，你会不会一有压力就烦躁不已？这是情绪在作祟，情绪左右了我们，我们成了情绪的奴隶。在本篇我们谈谈情绪的来源、情绪对我们的影响以及如何管理情绪，从而帮助我们快乐地工作、健康地生活。

## 第一节
## 为什么说情绪是一种能量形式

西方精神医学将情绪分为两大类，即积极情绪和消极情绪。积极情绪是能使人感到欢欣喜悦的情绪，例如兴奋、愉快、欢乐等；消极情绪会使人产生不愉快的感觉，如紧张、恐惧、愤怒、焦虑、抑郁、惊慌等。而在东方的生命探索中则认为任何情绪都会对人产生伤害和影响。

当人的心情平静时就会有着平静、淡定的思想和处事态度、行为准则。遇到不顺的事情也能坦然面对，并从多个角度来考虑问题，就会拥有直透事物本质的能力。当有着起伏的情绪时，思想就会混乱，遇事就容易愤怒，出现不理智的行为状况，甚至产生想不开而自杀的结果，对社会、亲人和朋友都是一种伤害。所以有人说：情绪是思想的能量，思想是性格的写照，性格是命运的诠释。

情绪是一种能量，就像钢琴和长笛的声波不同，每一种情绪的能量感应也是不同的。如果你正在体验喜悦，你送出的就是喜悦的感应，你的言语会充满愉悦，嘴角会绽放着阳光，你身边的人也会以相同的声波与你呼应，分享彼此的喜悦。如果你正在体验沮丧，那你散发的就是沮丧的感应，你的眉头会紧锁着阴霾，声音中回荡着叹息，会吸引着悲观的人和令人沮丧的事，然后一起"同是天涯沦落人"一番，这对于改善我们的心情和处境并无益处。良好的情绪状态无声无息地左右着我们的生活，影响着我们和我们身边的人。

能量是守恒的，没有善恶或好坏之分，能量产生的结果只是由于人们不同的定义而有了分别。但过大情绪所产生的能量都是对人生命活力的一种耗损。

情绪是一种十分强而有力的力量。它能够激励你实现自己的理想、克服重重困难，也会让你因为小挫败而动弹不得。生命总是会带来惊喜，也会带给你痛苦。幸运的是，你可以掌控自己的情绪，让它引领你创造一种想要的生活，改变自己的命运。

## 各类情绪的能量等级

著名心理学家David R·Hawkins从最负面、伤身的情绪，到最正面、滋润身心的情绪分析了各种情绪的能量等级。在所有的情绪中，最负面的不是愤怒、悲伤、恐惧；最正面的不是骄傲、勇气、真爱，你觉得会是什么呢？

为了便于大家理解，我们用列表形式展现（200以下为负面，200或以上为正面）。

| 情绪名称 | 能量等级 | 含义解释 |
| --- | --- | --- |
| 羞愧 | 20 | 是一种严重摧残身心健康的状况。人们在非常愤怒地谴责一个人时常说："你应该感到羞愧！" |
| 内疚 | 30 | 无意识的内疚感会导致身心的疾病，以及带来意外事故和自杀行为。 |
| 冷淡 | 50 | 冷淡缺乏的不只是资源，还缺乏运气，所谓"哀莫大于心死"与此类似。 |
| 悲伤 | 75 | 充满对过去的懊悔、自责和悲恸，整个世界都是灰黑色的。 |
| 恐惧 | 100 | 从这个能量级来看世界，到处充满了危险、陷害和威胁。恐惧让人感到不安，会妨害个性的成长，最后导致压抑。 |
| 欲望 | 125 | 欲望让人们耗费大量的努力去达成目标，去取得回报，一个欲望会强大到比生命本身还重要，所谓"人为财死，鸟为食亡"，欲望意味着累积和贪婪。 |

## 第二篇　情绪调试

续表

| 情绪名称 | 能量等级 | 含义解释 |
| --- | --- | --- |
| 愤怒 | 150 | 愤怒很容易导致憎恨，会逐渐侵蚀一个人的心灵，但是，和羞愧相比，愤怒的分值已经在升高，这意味着情绪得到了疏解，愤怒比愧疚、悲伤等，对身体的伤害要稍微小一些。 |
| 骄傲 | 175 | 骄傲具有防御性且易受攻击，因为它是建立在外界条件下的感受，是要看别人脸色的。它看似比悲伤积极，但实际上一旦条件不具备，就很容易跌入更低的能量级，接受更大的打击，因为人的"自我"膨胀是骄傲的助推剂，而过于强调"自我"，常常是易受攻击的，"自我"时常是外界伤害的靶子，因此，好的情绪应该是宠辱不惊的。 |
| 勇气 | 200 | 勇气是拓展自我、获得成就、坚忍不拔和果断决策的根基。这个能量级，动力才显端倪，生活看起来是激动人心的，充满挑战的，新鲜有趣的，人们有能力去把握生活中的机会。 |
| 淡定 | 250 | 到达这个能量级的能量变得很活跃了，是灵活和不加主观臆断地看待现实中的问题，对结果以超然、镇定从容的态度接纳，不会再对挫败感有所恐惧。 |
| 主动 | 310 | 在淡定层次的人，会按照需要完成工作任务。但是在主动层次的人，通常会积极主动地把任务完成得比较出色，并极力获得成功。对他人真诚而友善，也易于取得社会交往和经济上的成功，主动助人，并且对社会的进步做出贡献。 |
| 宽容 | 350 | 了解到自己才是自己命运的主宰，自己才是自己生活的创造者。没有什么"外在"能让一个人快乐，这些都来自内在，良好的自律和自控是他们显著的特点。 |
| 爱 | 500 | 这个爱是无条件、不变更的爱，是聚焦在生活美好的那一面上，并且增大积极的经验。 |
| 喜悦 | 540 | 当爱变得越来越无限的时候，它开始发展成为内在的喜悦。具有巨大的耐性，以及对一再显现的困境具有持久的乐观态度，且对其他人有显著的影响。 |
| 平和 | 600 | 这个能量层级和所谓的卓越、自我实现以及信念信仰有关。 |

上述这些无非是想告诉大家，当情绪平衡时，你会充满能量，这个时段，无论你处在何种情境下，都会觉得很不错。你乐意做事、体贴周到、待人和蔼亲切，因为你接触到最崇高的自我，心中充满了爱。你对未来保

持乐观，不会怀着悔恨回顾过去。你知足、平和，以平常心接受事实，同时充满能量，热忱积极。在情绪平衡时，人会由衷感到满足，相信自己拥有的天赋和人生中所有美好的事物，而且对于眼前的任何问题，都会正面看待，会觉得应该要对这个世界有所贡献，心中充满了正面的想法。

## / 第二节 /
## 情绪的作用是好还是坏

我们的情绪像个"神奇果"，它可以使你精神焕发，干劲倍增，也可以使你无精打采，萎靡不振；它可以使你头脑清醒，冷静处理各种事务，也可以使你暴躁焦虑，在冲动中做出后悔莫及的蠢事；它可以使你安详从容，泰然自若，也可以使你紧张慌乱，惴惴不安……

情绪到底对人有什么作用呢？心理学家们认为，情绪对人类的生存和适应有着非常重要的生物学意义，概括起来有如下几大作用。

### 1. 情绪有信号作用

人的心理活动在一定情绪基础上进行，心理的变化会在情绪上有所表现，因此情绪实际上也是内心活动的一种外部信号。一个人可以通过情感表现对他人施加影响，也可以通过他人的情绪表现来了解对方的愿望体验，这也是人与人之间的信号交流，在人与人之间传递信息、沟通思想。

情绪最直接的表现是我们的表情。我们可以通过他人的表情来判断他的喜、怒、哀、乐，从而分析他现在处于什么样的心理状态。

此外，情绪还是观察一个人对于某人或某事真实情感的窗口，是衡量一个人心理状况的尺度之一，它能反映一个人的志向、抱负水平、胸襟、度量以及意志和性格。

### 2. 情绪有行为导向作用

情绪在一定程度上对人的心理和行为起调节作用，具有与动机相似的功能。动机产生趋向性行为，快乐或痛苦的情绪也使人产生趋向或回避行为而改变人的行为积极性。人总是希望拥有愉快的情绪，排除不愉快的情绪。

情绪就像需要和认知一样，为行为提供能量，并且指引行为。获得食物、水、氧气等生理需要的信号是内驱力信号，必须经过一种媒介的放大，才能驱策有需要的人去行动，这种起放大作用的媒介，就是情绪。其次，动机和情绪就像是一个硬币的两个方面，如果是有兴趣和高兴的情绪反应，人们会继续该行动；如果是憎恶、愤怒或内疚感这样的情绪反应，人们就会终止这种行动。

### 3. 情绪有影响行为效率作用

情绪能够影响一个人的精神状态，提高或降低办事效率。人在高兴、愉快、喜悦等积极情绪状态下的办事效率，要比在忧愁、悲伤、痛苦的情绪状态下的办事效率高得多。

工作难度越大，工作效率越是受情绪的影响。如生气可影响疾病的诊断思路，却不大影响扫地。从情绪的强度来说，适当的情绪强度最有利于维持对工作的兴趣，取得最高的效率，而过强的情绪状态不利于提高工作效率，如技能大赛时过分紧张，往往不能发挥最佳水平。

### 4. 情绪有适应作用

就动物而言，情绪是机体对环境刺激所做的一种特殊适应性身心反应。在生存斗争中，动物必须奋起战胜或逃避任何危险情景，这种奋起的能力包含两方面内容，一是生理上的唤起，二是心理上的唤起，两种唤起都为应激做准备（或者攻击或者逃跑），从而最终取得对环境新的适应，这就是情绪。同样，动物要生存就要合作，要繁殖就要交流，个体之间逐渐产生可以互相交往的非口语"语言",这也是情绪。因此,情绪具有生物学适应意义,它是生物进化的产物,反过来也促进生存和进化。

对人类来说,情绪的适应意义表现出明显的双重性。一方面,作为生物进化的结果,人类保留了许多情绪的适应功能,例如生活受到干扰时产生的焦虑情绪使我们注意外部环境的新变化,从而通过行为活动去适应这种环境变化。另一方面,人早已脱离野蛮的生存环境,人类对环境的适应已不是依靠单纯的情绪奋起,如激动、忧愁等。

情绪能够改变人的处世态度和待人接物的方式方法。在心情烦躁时,平时温和热情的人,也会变得像一头被激怒的雄狮,急躁冷漠,好发脾气。一个本来爱说爱笑,善于交际的人,如果被巨大的悲痛、忧伤所压抑,也会变得郁郁寡欢、性情孤僻、冷漠。

## 不同情绪的不同功能

情绪严重地影响着人们的行为,影响着人们的生活。情绪像一把双刃剑。一方面,情绪可以充实人的体力和精力,提高个人的活动效率,促使身体健康成长,这是情绪对人的积极影响。另一方面,情绪也会使人感到难受,抑制人的活动能力,降低人的自控能力和活动效率,做出一些让自己后悔甚至违法的事情,这是情绪对人的消极影响。

我们从后果上看,凡是对人的行为起到促进和增力作用的情绪就是积极情绪;而对人的行为具有削弱和减力作用的情绪就是消极情绪。

然而,同一种情绪对不同的人或同一个人在不同的情况下,则既可能是积极情绪,又可能是消极情绪,我们不能一概而论。所以,情绪没有绝对的好坏之分,要针对具体的环境进行分析。

比如,害怕是一种消极情绪,但它对即将到来的伤害提供了一个情绪警告信号。这时,害怕的人们通常表现为从目标处逃跑或退缩,或直面害怕的物体,采取应对反应。如果你遇到老虎、碰到火灾不是先害怕,然后再采取措施，可能你早就被老虎吃了或是被火烧到了吧！

因此，告诉大家，所有的情绪都是我们最好的朋友，也绝对值得我们信任——不管是愤怒的、悲伤的或忧郁的情绪。

第一，情绪是一切生命背后的推动力，它带给我们行动的力量及能量。没有情绪，我们每个人根本就懒得去做任何事。

第二，情绪协助我们去达成与他人沟通的目的。情绪可以促使我们说出内心真正的感受，冲破人际沟通的障碍或化解人际沟通的误会，进一步避免更大的冲突及暴力的发生。

第三，情绪是自己最值得信任的朋友，不要把情绪当成问题。忠实地跟随自己的情绪，我们会因此找到真正的内在原因，也许是内心的不平衡，也许是一个童年伤痛的记忆，也许是一个偏差扭曲的人生观，或早已过时的限制性信念。

第四，通过与情绪的亲密互动，不再害怕、恐惧情绪，不再与情绪为敌，不再试图去压抑情绪，我们才能真正体验到意识心（指"内我"在物质实相里的自己）、信念及情绪三者相互扶持成长的正面关系，也才能拥有内心真实的平静及力量。

## 情绪也会传染

有这样一个故事：父亲在公司受到了老板的批评，回到家就把沙发上跳来跳去的孩子臭骂了一顿。孩子心里窝火，下沙发的时候狠狠踹了身边打滚的猫，猫逃到街上，正好一辆卡车开过来，司机赶紧避让，却把路边一个孩子撞伤了。这就是心理学上著名的"踢猫效应"，描绘的是一种典型的坏情绪的传染所导致的恶性循环。而且这种负性情绪的传递，往往是对弱于自己或者等级低于自己的对象发泄不满情绪，从而产生连锁反应。

这样的"踢猫效应"在生活中比比皆是。

比如，夫妻之间，丈夫工作一天很累了，妻子在家准备了很好的晚餐，等了很久人还没有回来。待丈夫进门之后妻子抱怨，甚至出言不逊："你死外边去啦？怎么才回来，又不接我电话！"丈夫本来郁闷的心情上又加了一层怒火，两个人的交谈不知道该怎样继续下去，不是吵架，导致战火升级，就是冷战，出现"冷暴力"。反之，如果妻子暂时忍耐一下自己的不满，报以微笑地说："今天累不累啊？看你忙得都没时间接我的电话……快洗漱一下，我特意做了好吃的犒劳你。"丈夫心中便会感到妻子很体贴，也许还会说上句："我不累，老婆做饭辛苦了。"妻子心中的不满也就烟消云散了。

其实，事实都是一样的，都是丈夫累了一天，妻子辛苦地做了一顿饭等丈夫回来，然而不同的话语传达出来截然相反的情绪，这种情绪传染到对方后，决定了夫妻间的气氛是良性循环还是恶性循环。

另外，由于工作性质的原因，有些人长期接触的是表情痛苦、情绪低落的人，比如医生、护士，尤其是在重症监护病房、肿瘤科等，工作人员和患者之间的情绪可以相互传播。患者可以感受到工作人员乐观积极的态度，工作人员无意中也会吸收悲观、消极的情绪。

我经常接到这样的咨询：孩子不愿意再上学了！还有一类咨询内容是孩子学习偏科，对某一门课特别反感，成绩肯定也不好。家长们万分着急："我把道理掰开了、揉碎了，跟孩子讲，孩子也懂，可就是不去学校！""我叫孩子对待每一科都要认真，不能喜欢的学，不喜欢的不学！"

在咨询过程中，在追根溯源分析中，你会发现这些孩子基本上最初的原因都来自挫败感，或遭老师批评了，或被老师忽略了，或老师的某些行为让自己感觉不爽了，诸如此类的不良情绪。但孩子们没有得到恰当的指导，没有学会怎样处理这些不良情绪。一方面孩子没有"踢出去"，就采取了"埋炸弹"的方法——压抑不良情绪，当压抑到一定程度就来了个大爆发；另一方面孩子直接对老师产生了抵抗，对这个老师教的课抵抗、对这门课抵抗，最后会对整个学习都抵抗！这就是一种不良情绪导致的恶性循环。生活中这样的例子屡见不鲜。

除了这些极端的例子，其实每一个工作小环境中的气氛都可以影响到彼此，无论是轻松愉快的工作氛围，还是忙碌压抑的工作环境。如果长时间待在充满负性情绪的地方，工作人员像一块海绵一样，吸满了不良的情绪，感觉自己也很压抑、郁闷，感受不到一丝的乐趣与力量，甚至有的人还会继而出现躯体不适的表现，如头痛、背痛、腰酸等，这时候身体已经向你敲响警钟了。

趣味测试

## 电梯面前看性格

心理专家告诉我们，每天使用电梯时的一些行为、言语，从某种程度上可以透露出人们的内心世界。想了解一下，在大脑潜意识作用下，隐藏在平稳面具后的另一个你吗？请做以下测试。

时间：离上班时间只差5分钟。

地点：大厦一层。

情景：准备上电梯。

你是怎样等电梯的？

一般，人们在等候电梯时不可能一直保持"立正"的姿势，不同的人在同样情景下可能会不自觉地有各种反应，这些等电梯时随意的行为绝对大有奥秘。你的选择是：

A. 不由自主地来回踱步或在地上跺脚

B. 常会按捺不住重复多次按压电梯钮

C. 认真注视电梯楼层的指示数字，只等电梯门开就立即走进去，其他情况几乎不关注

D. 头向下看着地面

E. 环视周围的人或物，或是似乎不经意地抬头看看天花板

## 结果分析

选A，情感丰富的感性派。如果你选择了这个答案，你可能属于比较敏感，甚至有些略带神经质的那类人。你内心世界丰富，洞察力强，并且比较相信自己的直觉和判断力。生活中，你比较感性，如果具有一些艺术才华，你应该一有机会就尽量展示，很可能在这方面有所成就。

选B，雷厉风行的行动派。如果你常会按捺不住重复多次按压电梯钮，你可能是那种性子有些急，办事讲究效率，时间观念强，常常雷厉风行的行动派。在周围人眼中，你的人缘不错，是比较随和容易接近的人。但你时常有些情绪化，而且还可能以自我为中心，一旦对一些事着迷或确立了某个目标或计划后，你会不小心忽略周围的人或事，这个时候一些外来的干扰易影响你的心情。

选C，理性稳重的谨慎派。选择这个答案说明你是个比较理性、稳重，办事小心谨慎的人。你不太喜欢插手别人的事，不爱惹麻烦，有时可能会让你在一些人眼里显得有些漠然。你做事很有条理，很受周围人特别是长辈的依赖。但你可能不太喜欢冒险的没有把握的事。

选D，真诚善良的老好人。选择这个答案的人可能平时看上去会比较沉默，不太爱公开表达自己的看法。其实他们往往心地善良、真诚、坦率，比较容易相信他人和乐于助人，比较受到周围人喜欢，人际关系上很少出现纠纷。但这类人也有问题，他们不太善于拒绝，有时缺乏原则，属于老好人一类。

选E，沉默少言的精明人。这类人大多数心理防卫意识比较强，不愿轻易向人展示自己的内心世界。但他们也有许多优点，比如一般求知欲比较强，知识丰富，成功概率比较高。在人际上，他们交友倾向于少而精，交际范围不广，却能培育深厚的友谊。

第二篇 情绪调试

## 第三节
## 怎样对自己的情绪进行解读

人的基本情绪有四个,下面我们来看看它们各自的概念。

快乐——盼望的目的达到或紧张解除后继之而来的情绪体验。

悲哀——失去所盼望、所追求、有价值的东西而引起的情绪体验。

愤怒——由于目的和愿望不能达到或顽固地、一再地受到妨碍,积累而成的情绪体验。

恐惧——由于缺乏处理或缺乏摆脱可怕的情境的力量,企图摆脱逃避某种情境的情绪。

上述提到的情绪中,快乐是比较好理解的,然而有些人没来由的悲哀、愤怒、恐惧却难以理解,也就是你觉得他的悲哀、愤怒、恐惧完全没有必要,或者不至于到如此程度!

她,每次耐心等候因应酬而晚归的丈夫时,总是告诉自己:对丈夫态度要好一点。可是等到丈夫一踏进家门,她还是禁不住地板起脸来,开始数落丈夫。

他,只要看到儿子不认真做功课,到处走动,就会厉声怒斥。

他,在公司工作四年多了,其实很欣赏上司的学识和能力,可是只要上司找他个别谈话,他的内心就反感、抗拒。

为什么呢?难道那些人的行为模式真的是"罪不可赦"吗?我们所看到的这些情绪只是一个表象,其实有更深层次的含义。解读情绪的更深层含义是心理咨询师的基本技能之一,我在这儿略说一二,或许会对各位有些帮助。

我们举个例子，跟随你的儿子不念书的愤怒，或许你可以找到自己幼年失学的伤痛、自卑情绪，或者可以帮助你找到"低学历是导致自己这一生最大失败的唯一关键因素"的信念，而这个信念其实是你自我逃避及自我欺骗的方法。也唯有这个方法，你才能找到导致如此愤怒的真正原因。当真正的原因被面对、被解决了，负面的情绪自然会转成正面的力量。

再举一个例子，跟随你忧郁沮丧的情绪，带你看到它的背后可能还有一个更深层的失落感，或"觉得自己没有价值"这个根深蒂固的信念，还有随之而来的深深的无力感。体验你忧郁沮丧的情绪，不要恐惧它，急着逃离它、转化它。也唯有如此，你才能彻底改变那带来忧郁沮丧情绪的负面信念。否则你忧郁沮丧的情绪会一次又一次地发作，永无休止。

每一个人都有过去，有所谓的故事和不愿轻易涉及的人或事，随着时间的流逝，事情虽然过去了，但那些情绪却隐藏了下来，这就是情绪的原点。当一个眼神、一句话、一个动作使你有了情绪的波动，而这个情绪又恰巧与那个情绪原点相关联时，情绪就爆发了。

所以，接受自己的情绪，通过情绪表达认识到自己的情绪原点，找到它，解开它，才能较好地管理自己的情绪，对工作和生活都是益处良多的。

### 愤怒——找出负面情绪的引爆点

许多怒火中烧的人不分青红皂白地责备人或事："车子发动不了啦""孩子顶嘴啦""别的司机抢道啦"等。其实，使怒气徘徊不去的是你自己的消极思维方式。如果你总是想着"那辆破车""不听话的孩子""那个傻瓜司机"，你的怒火就不会平息。所以说，愤怒是人们因为思维方式不当引发的不良心境。有些人能心平气和地在公开场合表示愤怒；有些人会勃然大怒；有些人则把怒火压在心头，不能或不愿意发泄出来。把愤怒压在心头固然有害健康，而经常发怒的人又会变得愈来愈容易恼怒。换句话说，抑制愤怒和经常发怒都是危险的。暴怒的人更易患心脏病，愤怒而不发泄的人则更易患高血压病。

当然，一旦你意识到愤怒的情绪是源于自己考虑事情的方式，也就找到了控制负性情绪的办法——调整自己的思维方式。

还有一些办法来处理自己和别人的愤怒：先意识到自己在生气，然后考虑对方，意识到对方也有生气的权利；此后，察觉自己的感觉，是害怕、愤怒还是自责？很多时候，我们是在用愤怒掩盖很多感觉，识别了这些感觉，才会更有效地处理问题；要控制自己不跟着自己的情绪走，也不跟着对方的情绪走；必要的时候暂时离开，好好冷静一下，走之前告诉对方自己会再回来，冷静后往往会对问题有新的看法，处理问题的方法也会理智得多。

## 焦虑——放下"忧心"的"担子"

有一位母亲总是很悲观，对什么事都很担心。有一天，这位妈妈独自一人开车去买东西，她把车停在停车场，然后到超市去采购。等她带着大包小包出来，走到停车场的时候，见到几位警察等在她的车子旁边。她慌了，不知道自己犯了什么错，慌乱之下，脑袋竟然一片空白，愣了好半天，才想起打电话给自己的女儿。

"我是妈妈！现在××超市的停车场，你赶快来！有好多警察围住了我的车子，不知道发生了什么事！你赶快来啊！"妈妈焦急地对着电话喊。

女儿正在开会，听到妈妈的声音已经变得颤抖，立刻向总经理请了假，朝着不远的超市停车场急奔而去。当女儿赶到的时候，发现妈妈脸色发白，神情紧张。

女儿陪妈妈走到车子旁边，气喘吁吁地问那几位警察：

"警察先生，发生了什么事吗？"

几位警察愣了一下："你们发生了什么事吗？需要帮助吗？"

原来，警察只是偶然站在了那里而已！

焦虑情绪普遍存在于每个人的生活中。它表现为由于担忧、牵挂等而产生不安。焦虑中的人，总处于惴惴不安中，无理由地预感将来会发生什么不祥或不幸的事情。对尚未发生的事，却事先去烦恼操心、恐慌，这不就是形成负面情绪了吗？

若要革除这种"担"不必要的"忧"的习惯，不妨去觉察自己担忧的这件事，究竟是和自己有关，还是和别人有关？如果是和自己有关，那么可以运用自我管理来调整。如果是和别人有关，则又可分为"人"和"事"。如果和"人"有关，那么需要去调整与别人的关系，改善自己的人际相处模式；如果和"事"有关，那么就需要行动起来去处理这件事了。

## 嫉妒——看不到自己的好

嫉妒是一种消极的情感表达，是对才能、名誉、地位或境遇等比自己好的人心怀怨恨，是对别人的成就感到不快的一种心理感受。大多数容易嫉妒的人从小都是争强好胜的，总是希望自己样样都比别人好。如果别人在某方面超过了自己，心里就惶惶不安、不是滋味，继而产生了一种掺杂着憎恶与羡慕、愤怒与怨恨、猜疑与失望、自卑与虚荣、伤心与悲痛等的复杂感情。

人的本性容易不满足，不满足就是指每个人都希望自己比别人好，嫉妒正是人的不满足本性的表现之一，是对己不如人的一种不满足心态。嫉妒也是人之常情，每个人或多或少都存在这样的心理。

嫉妒情绪的产生，从表面上来看，是因为竞争而引起的。而竞争，是因为和别人有了比较。比较的时候，看到别人的好，看不到自己的好，心中起了暗中较劲的意思。这种"看不到自己的好"的心理，是形成嫉妒的内在因素。在你成长的岁月里，这种心理使得你争强好胜，有时还伴随着自大或自卑。其实，一个人的成功不仅要靠自己的努力，更要靠别人的帮助，人们给予他人的赞美、荣誉，并没有损害你，相信你的价值依然存在，你依然有自己的优点和长处。

## 寂寞、孤独——学习和自己相处

如果有人问：何谓寂寞？孤独从何而来？人们多半会回答：寂寞、孤独来自单身独处之时。他们相信，在某些情况下，就一定会感到孤独。结果，人们在老年时、在假期中、在周末、在分手之后或其他许多单身独处的情况下总会害怕孤独。

孤独、寂寞与单身独处没有必然联系。心理学对孤独有以下两种解释。

第一，产生孤独的原因与外界环境有关，比如处在陌生、封闭、孤立、不和谐的环境中，人们容易顾影自怜，孤独感油然而生，哪怕时间很短。还有生活模式的突然改变，如失业、退休等，人们便会因失落和不习惯而感到孤独。

第二，产生孤独的原因是基于个人的某种消极态度。

孤独是一种感觉，一种无助的寒冷，一种天然的残缺。每个人都会有这种作为生命个体用任何东西都无法消除的孤寂。许多人害怕孤独，把孤独与黑暗、死寂等同。孤独使人恐惧，在孤独中，人们变得无助，甚至疯狂。重要的就在于解决掉自己的消极思想，而不是自己的情感。

孤独和寂寞是一种人人都熟悉的感觉。每个人都有能力去摆脱它。

一人独处既可能是一件幸事，也可能是一种惩罚。实际上，并非所有的孤独都对人无益。这种状况既可能起放松解脱和养精蓄锐的作用，也可能起折磨人的作用。一人独处可能是一种更好地认识自己和体会本人能力的机会。如果我们为了认识自己而愉快地接受一人独处的现状，那么一人独处的阶段可能是我们人生中收获最为丰硕的时期。

无论何时何地，人们都无法获得预防孤独的免疫力，没有医治孤独的灵丹妙药，然而当它悄然袭来时我们却能增强自己的抵抗力，用积极心理更加巧妙地避开它。

## 自责——绝对化地看问题

习惯于自责的人往往都带着"万能思考"的倾向看待事情,误以为自己具有超能力,凡事都应该把它做到最好。如果没做好,应该是自己做错了,要不就是在做事的过程中忽略了什么。这样的人,思维模式属于"非黑即白",结果不是黑的就是白的,没有中间的灰色状态。结果,不知不觉中承揽了别人的责任,也不知不觉中保护、溺爱或姑息了对方。

我们向别人说:"你应该做好……"往往引起对方"自责"或"抗议";我们向自己说:"我应该做好……"往往造成自己"内疚"或"自责",这也是一种自我压力。

自责也是一种由于过度地自我否定而产生的自惭形秽的心态,由于对自己的消极自我暗示极易产生自卑。在自我意识里,会慢慢发展为自己什么都比别人差,从而悲观失望、失去信心,陷入痛苦之中难以自拔。

把"应该"拿掉吧!从今天起,每当我们开口说话时,不妨把"应该"改为"可以",例如:"你可以做好……""我可以做好……"甚至就把"应该"两字完全略去。接受自己也有力所不能及的时候,"人无完人"嘛,万一犯错,尽快改正即可。只有具有这样不带"自责"的心理,我们的人生才会更有弹性,做事才会有更大的发展空间。

## 忽略——渴望被关注

当你忙了一整天的家事,看到丈夫回到家,却一句话不说,只管坐在电视机前,这时,你会产生一种被忽略的感觉。当你工作了一整天回到家后,孩子在看电视或者在做功课,太太则在厨房忙进忙出……你进入卧室换便装,也会产生一种被忽略的感觉。

有个年轻人在接受心理辅导时,曾提及他上小学时的一次经历:有一次他将一篇自己的作文放在客厅最显眼的地方，他向家人们说这篇作文受到老师的夸奖，还在全班作为范文宣读，但是终究没有得到家人的注意。时至今日当他说起这件往事时，脸上仍呈现出被家人忽略的失望和落寞的表情。

我们成年之后，尽管可以独立面对许多事情，比如，在会议桌上，铿锵有力地抛出自己的方案；在社交场合，与人侃侃而谈；在私人聚会上，面对朋友谈笑风生。然而在转身"面向自己"的时候，我们难免有无助、孤单、寂寞的感觉，因为我们内心深处都渴望被别人重视、关心和呵护。

如果被忽略的感觉没有被及时处理，被隐藏在深处，随着时间的推移，积怨会越来越深。负面情绪一被激发，结果就难以收拾。

处理被忽略的感觉，不妨找对时间和地点，把感觉勇敢地告诉对方，说的时候绝不要抱怨，如："你都不关心我。""你总是不知道我在想什么。"最好改用："我有一种感觉，刚进门时，我希望你能看我一眼，讲几句关心的话。""我希望你了解此刻我的感觉。"

## 憎恨——用别人的错误自我惩罚

有一个员工来找我，目的是让我判断一下自己对还是他的工友对。事情是这样的：他和工友是同乡，同时出来打工，到了我们企业的一个建设公司。一开始都在一个队里，互相还很关心，不久这个工友当了个小官，虽然自己也在慢慢进步，但总比这个工友慢一拍。有一天，他发现这个工友给领导洗了工服，他一下子认定自己是干出来的，而工友是"拍马屁"上来的，从那时起，他就和工友较上劲了。同样建营房，工友说应该2.8米高，他就非得说要3.0米高，两人经常争得面红耳赤。他认为自己是"主持正义者"，而那个工友的行为着实令人憎恨！

"憎恨"的情绪比生气、愤怒更严重，它来源于心灵所受的深深伤害。我们每个人的生命核心里都有一个秘密，即无论我们如何坚强，我们都渴望被爱、被需要、被肯定。然而，如果这部分被剥夺，那种咬牙切齿的恨意就可想而知了。调整"憎恨"的情绪可能是调整所有负面情绪中最富有挑战性的一个问题。

这位员工感到未被肯定、未被提拔的原因我们先不讨论，但他把这种不满情绪转嫁到了认定工友的"错误行为"上，为此耿耿于怀。

我们暂且不去分析那位工友的行为，即使那位工友有错，那是否有必要拿别人的错误惩罚自己呢？

在现实生活中，这样惩罚自己的人屡见不鲜：下级犯了错误，上级很生气，脾气火暴，声色俱厉，伤的其实是自己；上级作风官僚，下级很生气，烦闷憋屈，愤愤不平，伤的其实是自己；同事之间磕磕碰碰，惹人生气，怒火中烧，互相攻击，伤的其实还是自己；邻里之间鸡毛蒜皮的小事，争吵不休，伤的其实也是自己。

"错误"应该受到惩罚，但未必要通过生气、愤怒、憎恨来实现。别人犯了错，而你去憎恨，岂不是拿别人的错误来惩罚自己？

也许你容易过度在意负面的事物，而且不肯轻易罢手，此时你不妨想一想，你究竟想要自己怎么样？扪心自问，你真的希望过这样的生活吗？从现在开始，你不妨留意一下其他积极的事物，不要自我耗竭，不要总把焦点集中于负面事物上。

宽容，是一种放下的心态，是一种智慧。心中放下了怨恨，也就没了负性情绪的困扰，才会变得平和、安详、轻松、自在，才能变得从容和自信。学会体谅，学会宽容，剔出心中的怨恨，是宽恕别人，更是善待自己。

趣味测试

## 你时常被孤独感笼罩吗

当孤独感袭来,你是如何应对的呢?你承受孤独的能力有多强?

你走在清幽的林间小道,夕阳洒在树叶间,映出斑驳的影子,前方依稀现出一处乡间小屋,如果在这样如画的景色中再放一把可以欣赏日落的椅子,你会选择什么样的椅子?

A. 童话中的秋千椅

B. 精致的红木长椅

C. 竹藤躺椅

**结果分析**

选A:你时常沉浸在孤独中。尽管孤独的时候你的眼泪会顺颊流下,但你却执着于这种无助的落寞。你总会在一段时间后给自己一个独处的机会,你是一个彻彻底底的性情中人,会无来由地痛哭流涕,可能是因为你过去的生活中有着因亲情或友情而自己无法打开的死结,但这个死结有时是你无法割舍的,所以你情愿沉浸在孤独中,不愿醒来。

选B:你很少感到孤独。你平时一定是一个繁忙得没有时间思考的人,像闹钟一样时刻不停地旋转。当你独处的时候,你一开始会觉得很舒服,可是一旦沉浸在回忆中,就会轻易地被回忆所累,很难解脱。别太沉重,放轻松点吧。

选C:你很难承受孤独。寂寞是你最忌讳的,一沾上寂寞,你的所有悲伤、凄苦都会蜂拥而至,让你无法抵挡,无处躲藏。其实人生本来就是酸甜苦辣、悲欢离合同在的。你不可能总是一个人,也不可能有人时时守在你身边。不要给自己创造不快乐的机会,如果你能在梦中得到一双翅膀,那就在梦中尽情地飞吧!

对于情绪,人总觉得那是一种看不见、摸不着的东西。一个人什么时候拥有什么样的情绪,恐怕只有自己知道。能不能进行量化呢?能不能进行比较呢?

我们提供一个简便的办法,帮助你判断现在的情绪状态,并通过你的情绪状态了解你的心情特点。

## 给自己画一个"情绪谱"

借助物理的光谱、波谱以及色谱的概念,我们假设人类的情绪也有这样一条"谱",可以把它记录下来加以研究。

请准备一张白纸和一支铅笔,测一测你的情绪。

首先,用铅笔在白纸上画一条直线,然后从左到右在直线上平均画出10个刻度,分别写上数字1至10。

接着,把你认为的坏情绪用熟悉的词汇描述一下:痛苦、忧伤、悲哀、愤懑、沮丧、烦躁、郁闷;再用同样的方法表达心情一般的时候:麻木、索然无味、平淡、宁静;最后,想象一下你所期待的好心情:欣慰、满足、愉悦、感恩、激动、兴奋、幸福。

然后,从这些词汇或者你认为更合适的词汇中挑选10个,以你的理解,按照不同程度的心情由低向高排列,并标注相应的数字刻度表示情绪指数,比如像这样:

1痛苦、2沮丧、3郁闷、4索然、5平淡、6宁静、7欣慰、8愉悦、9兴奋、10幸福。

评价一下你现在的心情,请在"情绪谱"上选择相对应的词。如刚遭遇不幸,非常痛苦,你的情绪指数就在"1"那里;若是觉得"没劲",情

趣索然,你的情绪指数就在"4"处;假如衣食无忧、家庭和睦,心情介于宁静与欣慰之间,你的情绪指数就是"6.5";而要是刚买了车,加了薪水,或者孩子上了重点中学,比较兴奋,你的情绪指数就是"9"。

由于每个人的感受不同,所以即使遇到同样的事,情绪反应的程度也是不同的。比如同样是新婚宴尔或是金榜题名,有的人可能感觉非常幸福,而有的人仅感到愉悦而已。

## 用"情绪谱"了解自己的心情特点

除了可以测量自己的情绪指数,你还可以通过以上这条"情绪谱"了解自己的心情特点。

如果你的情绪指数波动不大,比如从平淡、宁静到欣慰,或从郁闷、索然到平淡之间徘徊,维持在3个指数级差内,说明你的情绪谱较窄,情绪相对稳定。如果你的情绪指数经常在4至6个数级之间波动,说明你的情绪谱相对较宽,情绪感受较为丰富。

而你的情绪指数若是在超过6个数级之间波动,跳跃幅度较大,如可以感受到深深的痛苦,也能够体验到莫大的幸福,或者忽而沮丧,忽而兴奋,那就表明你的情绪谱相当宽,并且细腻、敏感,但情绪不够稳定。

通过这条"情绪谱"还能了解人的心情背景:如果情绪谱偏右,指数经常在5以上,表明你的心情背景较为明朗,比较阳光;如果情绪谱偏左,指数经常低于5,那就显示你的心情背景比较暗淡,比较阴郁。

我们期望的是你的情绪谱偏右,且指数差在3至4个左右,这是一个比较理想的情绪状态,偏左及太偏右、指数级差太大及太小都需要调整。

趣味测试

**情绪体验量表**

想了解你的情绪吗？做做这个测试有助于了解你控制情绪的能力。

扫码在线测试

## / 第四节 /
## 怎么判断他人的情绪状态

了解自己的情绪状态比较容易掌握，但能够判断别人的情绪状态就有了一定的难度，然而，这是一个必须学习的技巧。别人的情绪会对自己的情绪产生影响，这在前面已经多次提到，同时，对自己的成功也有至关重要的作用。

大家肯定都知道"情商"这个20世纪90年代曾经风靡一时的词，一时间"情商决定命运"的概念被炒得沸沸扬扬，"情商"被说成是决定一个人能否成功的至关重要的因素。这个情商包含的一个很重要的内容就是识别他人的情绪，能够通过细微的社会信号，敏感地感受到他人的需求与欲望，并有能力给予满足。

认识他人情绪的能力同时也是一种协调人际关系的能力。包括对人情与人性的深刻了解和理解，对人需要的内容、形式的了解，对人的感情的

## 第二篇 情绪调试

深刻敏锐的洞察力,对人的感情的表达方式的理解力,对人际交往的内容、原则、方式及规律的了解和运用能力,爱的能力。具体有如下几点。

### 1. 同理心

同理心是指与人交往的过程中,能够体会对方的情绪和想法,理解他的立场和感受,并站在他的角度思考和处理问题的能力。简单地说,同理心就是站在对方立场思考的一种方式,即换位思考。

现在有一个比较火爆的电视节目"年代秀",每一期都邀请"60年代""70年代""80年代""90年代""00年代"不同时代的五代人组成年代小组进行PK,你会发现每个年代都有自己的时代故事、潮流时尚、精彩亮点。60年代的人对当下年轻人的网络语言一片茫然,而90年代、00年代的人对"上山下乡""背毛主席语录"之类的行为和语言又感到像看"外星人"一样。

认为所有人都是一个想法,或者不理解为什么别人和自己想得不一样,就没有换位思考,势必导致沟通障碍!所以要学会用对方的思维模式去探讨问题,这样达成共识的可能性更大,才能双赢。

### 2. 沟通

了解沟通技巧是与别人产生共鸣的基础。在听的时候,只聆听不判断,保留自己的观点和情绪;总结你听到的别人说话的内容,检查你的总结是否正确;在说话的时候,梳理你的要点,有逻辑地组织它们,清楚地表达出来,确定对方已经理解你了,不带攻击、责备或生气的情绪陈述你的观点,必要时重复一遍。

情绪和情感是人们在学习、工作和生活中,相互影响的一种重要方式,这种功能是通过情绪情感的外部表现——表情来实现的。表情是思想的信号,是人际交往的形式之一。人们在社会生活中,在许多场合下,彼此的思想、愿望、需要、态度或观点,不能言传,只能意会,只能通过表情来传递信息,从而达到沟通思想、相互了解的目的。例如,微笑的表情,常常表示需要得到满足或对他人的行为表示赞赏；痛苦的表情，往往表示个人对某种对象的需求或感觉状态；悲伤多伴随人对所失的惋惜；气愤则表示对某人某事的否定态度等。这些都表明情绪情感的信号作用，它们通过表情动作传递信息，使人对环境事件的认识、态度和观点更具表现力，更易为他人感知和理解，成为人际行为的重要线索。

### 3. 协作

是在善解人意的基础上，与不同性格类型的人和平相处、愉快合作，这是基本的人际交往技巧。

对于多数管理专家而言，《西游记》中的唐僧师徒组合不能算是一个合格的团队：其团队成员要么个性鲜明，优点或缺点过于突出，实在难以管理；要么缺乏主见，默默无闻，实在过于平庸。但就是这么一群对团队精神一窍不通的"乌合之众"，"个性"突出的典型人物组合在一起，克服了常人难以想象的种种困难，最终却完成任务取回了真经！真是让人大跌眼镜！原因是这个团队成员互相了解，各尽所能，协作共赢。

我们每一个人都和其他人有不同的心理特征，有的人外向，有的人内向；有的人开朗乐观，有的人忧郁消极；有的人乐于与别人交往，有的人喜欢自己独处；有的人善于创新，有的人比较保守……但是，每一个人的性格、个性特征都有自己的优势，也有各自的不足。

我们必须学会了解自己的优点，并心平气和地承认自己的弱点与不足；还要乐于认可别人的长处，即使这些长处超过了自己。我们如今生活在一个相互依存的时代，在这种现实中，除了双赢这种关系模式以外，其他的模式都会对长远的关系产生负面影响。在双赢模式下，双方都本着寻求互利的心态，努力的结果令双方都感到满意。

趣味测试

## 你的情商是多少

情商(EQ)又称情绪智力,是近年来心理学家们提出的与智力和智商相对应的概念。它主要是指人在情绪、情感、意志、耐受挫折等方面的品质。以往认为,一个人能否在一生中取得成就,智力水平是第一重要的。但现在心理学家们普遍认为,情商水平的高低对一个人能否取得成

扫码在线测试

功也有着重大的影响作用,有时其作用甚至超过智力水平。那么,到底什么是"情商"呢?

美国心理学家认为,情商包括以下几个方面的内容:一是认识自身的情绪,因为只有认识自己,才能成为自己生活的主宰;二是能妥善管理自己的情绪,即能调控自己;三是自我激励,它能够使人走出生命中的低潮,重新出发;四是认知他人的情绪,这是与他人正常交往、实现顺利沟通的基础;五是人际关系的管理,即领导和管理能力。

本测试题就是从这五个方面来测试你的情商的,请根据你的实际情况进行选择。

## 第五节
## 情绪对健康有什么影响

情绪对人体到底有多大作用呢？我们还是从心理学的实验谈起。

有个心理学家把两个透明杯子放在桌上，两个杯子都装了一半液体，一个杯子装了咖啡，另一个杯子装了水。他舀了一茶匙水，放进那个装了咖啡的杯子里搅拌，谁都看不出那杯咖啡有什么改变。他又加入另一茶匙水，一茶匙，又一茶匙。一直等到他加了好几茶匙水，人们才开始注意到咖啡变得比较透明。心理学家解释：这代表正向的情绪在负面心态的人身上所产生的效应。

接着，心理学家将一茶匙咖啡加入那杯清水中搅拌。人们立即察觉到那杯水的颜色改变了。他解释，这是负面情绪在正向心态中的效应：它就像毒药，即使只有一丁点也是有毒的。

我们是否可以得到这样的感悟：人们必须要有许多正向的能量才能克服自己的愤怒、悲伤或无价值感？而负面情绪像毒药，"只要一点点就足以害死人"？

国外还有一位医学心理学家，为了验证情绪对人的作用和影响，在监狱中选择了一名死刑犯做研究实验。他对死刑犯说："我们决定采用一种安乐死的方法——割破你的动脉，让血慢慢流出体外，让你平静地、无痛苦地死去。"行刑在半夜进行，死刑犯被蒙上眼睛带到旁边装有水龙头的一只座椅上，割破死刑犯手腕皮肤，同时拧开水龙头滴水，滴水声犹如流血声。心理学家不时告诉死刑犯："你现在已被割断动脉，在不断流血。""你的血液已流去二分之一，开始头晕了。""现在已经流掉了四分之三血液，你将不省人事了。"不久，死刑犯果然安静地死在座椅上。

实际上，死刑犯根本没有被割断动脉和流血，是极端的情绪——惊恐，使犯人在暗示下被"吓死"的，因此，惊恐等不良情绪足以使人丧命！

无独有偶，还有一个故事也提示了这个道理。

一天早晨，一位智者看到死神向一座城市走去，于是上前问：你要去做什么？

死神回答：我要到前方那个城市去，要带走100个人。

智者说：这太可怕了！

死神说：没办法，这是我的工作，我必须这么做。

智者告别死神，并抢在死神前面跑到那座城市，他好心地提醒所遇到的每一个人：请大家小心啊！死神即将带走100个人。

第二天早上，智者在城外又遇到死神。智者非常不满地质问死神：昨天你说要从这城市带走100个人，可为什么昨天有1000个人死了？

死神看了看智者，平静地回答：我从不超量工作，而且昨天确实只准备带走100个人，可是恐惧和焦虑带走了其他那些人。

原来，恐惧和焦虑真的可以起到和死神一样的作用啊！

我们反复介绍了情绪分良性（积极）情绪和不良（消极）情绪两种，前者为乐观、愉快、和悦等正性的情绪；后者指悲伤、苦恼、抑郁、烦恼等负性情绪。良性情绪可以治病，能与抗菌药物比美，而且长期有效，无副作用；低沉沮丧等不良情绪使人多病、未老先衰、精力体力衰退、缺乏事业进取心。因此，要学会正确控制自己的情绪变化，培养乐观向上的良好情绪，切忌牢骚太盛或低沉忧伤。所以说，培养良性情绪具有非常重要的现实意义。

**情绪对健康的影响**

现代医学研究发现，人的身心健康与情绪因素有着密切的联系。积极情绪有利于我们的身心健康；而消极情绪则会严重影响我们的身心健康。

我国有俗语："笑一笑，十年少，愁一愁，白了头。""人逢喜事精神爽。"我国古代医书上也有"喜极伤心""怒极伤肝""忧极伤肺""恐极伤肾"等说法。

我们如果处在良好的情绪中，此时分析、判断能力会处在正常水平状态，遇事往往能保持理智；反之，当人被消极情绪所控制时，分析、判断能力就会下降，遇事往往易失去理智。比如：一个人异常愤怒，即在暴怒的情绪下，很有可能失去自制力而做出不明智的事。

情绪既是一种心理活动也是一种生理活动。情绪的一切变化都会引起生理上的变化。

再讲如下一个故事。

古代阿拉伯学者阿维森纳，为了证明不良情绪对生命状态的影响，做了一个实验：把一胎所生的两只羊羔置于不同的外界环境中生活——一只小羊羔随羊群在水草地快乐地生活；而另一只羊羔天天对着一只拴在笼子里的狼，过着心惊胆战的生活。它总是看到自己面前那只野兽的威胁，在极度惊恐的状态下，根本吃不下东西，不久就因恐慌而死去。

还有心理学家用狗做嫉妒情绪实验：把一只饥饿的狗关在一个铁笼子里，让笼子外面另一只狗当着它的面吃肉骨头，笼内的狗在急躁、气愤和嫉妒的负性情绪状态下，产生了神经症性的病态反应。

另一个心理实验是把三只年龄、体重均相当的老鼠分别以同样的方式固定在A、B、C三个实验箱内，接受三种不同的实验处理：不定时地对A箱中老鼠的尾部施予电击，但在每次电击来临之前，先给出一个灯光讯号，在讯号出现之后，即予以电击。如果这只老鼠在电击开始后能够按动前面的转轮，电击就会停止。如果老鼠能够学会在讯号出现而电击尚未开始之前，适时按动转轮，就可以避免电击；B箱中的老鼠，受到的电击次数与强度和A箱中老鼠完全相同，只是既不给它提供讯号，也不给它学习按动转轮可停止电击的机会,它只能毫无办法地等待电击;C箱中的老鼠只是被关在箱内而已,既不受电击,也得不到讯号,它只是被用来作为比较之用。结果表明,A箱中老鼠有轻微的胃溃疡现象,B箱中老鼠胃溃疡现象最为严重,C箱中老鼠未发生胃溃疡现象。

上面提到的实验告诉我们:恐惧、焦虑、抑郁、嫉妒、敌意、冲动等负性情绪,是一种破坏性的情感,长期被这些不良情绪困扰就会导致身心疾病的发生。

早些年,多数人还没意识到不良情绪会对健康产生不良影响。那时候许多夫妻之间生气,有不少人采用了冷战的方式。

我就听说过这样的事:有一对夫妇常为小事吵架,然后夫人就生气,冷着脸不理丈夫了。丈夫说:"就算是我错了,给你赔不是,别生气了,别不理我了。""谁要你惹我生气了?就不理你!我非气死给你看!"经常十天半个月就吵一架,十天半个月夫人就不理丈夫。有一天,这个夫人说:"我怎么有时候肚子疼呢?"丈夫就带着夫人到医院体检,检查结果——胃癌!而且已经是到了晚期。尽管家里花了很多钱,最后也没有保住这位夫人的性命!

现代研究已证实,在患肿瘤的病人当中,有相当大比例的人有不良情绪,而且采用压抑的方式去处理。

我曾接到一条短信,拿出来与大家共享:"该吃吃,该喝喝,遇事别往心里搁;泡泡澡,看看表,舒服一秒是一秒。学习快乐善待自己!不然有一天自己死了,就会有别人上咱家来,花咱的钱,住咱的房,睡咱的床,打咱的娃!"

所以,善待自己,赶紧让自己快乐起来吧!

### 趣味测试

## 你能走出人生的低潮吗

人生经历如潮汐，不能总是一帆风顺，也会有低潮的时候，自然界一切都是合理的，那是生命的必然。在生命中出现任何起起落落，你都能在很短的时间内接受吗？你能在陷入低潮时积极地寻求解决的办法，快乐地面对，并迅速从低潮中走出来吗？

我们来做个测试：

假如现在是秋风萧瑟的季节，一对情侣坐在公园的亭子里聊天。不久，女孩开始掉泪，这时一阵秋风吹落了枯叶。请接着想象一下后来的情形，并选出一个最接近的答案。

A．女孩流着泪说"再见"，然后离去……

B．女孩一直默默注视着枯叶，直到眼泪流完为止。等恢复平静之后，说了一句"再见"，然后离去。

C．女孩一直注视着男孩，凄婉地说："我走了，你自己要好好照顾自己。"然后踩着落叶离去。

### 结果分析

选择A：争强好胜型。

这种类型的人有天生不服输的个性，即便是陷入低潮时，也能尽最大的努力，替自己争取到相当的利益。因此，可以为将来早作准备，多充电或结交朋友，或许在你摆脱低潮的时候，都能对你有很大的帮助。

选择B：坚强自省型。

此种人一旦陷入低潮时，会耐心等待恢复正常，或是研究最好的对策。与其勉强想挣脱困境，倒不如静待心情慢慢转好。人生总会遇到挫折，相信在逆境中得到的启示必能发挥最大的作用。

选择 C：善解人意型。

此种人一旦陷入低潮时，有感而发，反而更能包容别人的弱点和缺点。他们能透过自己的困境，培养对他人的包容力。因此，可以把人生的低潮当成成长的契机。

## / 第六节 /
## 怎样调整自己的情绪状态

乔丹曾十度赢得 NBA 得分王，五度获选季内赛最有价值球员，在公牛队夺标的那六年均获选为季后决赛最有价值球员，他成功的秘诀是什么？乔丹回答是"态度控制"。然而，何谓态度控制？事实上就是"情绪管理"，焦点在于事情我们不能改变，但对待事情的态度是可以改变的！改变了态度，接着自然会改变情绪。以下我们提供一些情绪管理的方法。

### 改变认知

我们每天遇到的事，皆无一定规律，就看你如何评估，这个评估过程与自己对这件事的认知有关。如果将其评估为"问题"，则压力有增无减；如果定义为"挑战"与"机会"，则压力会转化为动力。换个角度看问题，你的情绪就会有所改变。我们在压力管理篇和快乐工作篇都会提到换个角度看问题的具体方法。

我们常说的"瞎子摸象"，就是形容一个人仅从一个侧面、一个角度、一种思维去考虑问题，难免会钻进牛角尖里，理不出头绪，还导致不良情绪的产生。

有一次，我和我的弟弟在讨论一个问题，各持己见，谁也没说服谁，两个人还争得面红耳赤。我这时候说：暂停！咱俩不在一个层面，就好像一个在三楼，一个在二楼，无法达成共识！结果，我的弟妹、女儿还有小侄女，异口同声地说："你们都在同一个楼层，只不过一个在电梯里，一个在楼梯里！"

哈！一语中的！问题在于我和弟弟看问题的角度不同！

还有这样一则故事。

有一位著名画家和他的朋友在雪地里散步，突然他的朋友瞥见路边有一大块污迹，显然这是狗留下来的屎迹，就顺便用鞋尖挑起雪和泥土把它覆盖住，以免影响美好的雪景，可是万万没有想到的是，朋友的这个不经意的举动却惹恼了画家，他说，几天以来他总是到这里来欣赏这一片美丽的琥珀色，可是今天却被这位朋友给破坏了！

狗屎的痕迹在画家眼里已经成了一片美丽的琥珀色。这个故事说的不仅是画家的审美情趣，更是表现画家对待生活的一种积极心态，一种乐观的看法。在人们的生活中，我们总是埋怨成长的路上有太多的"狗屎"，影响自己的发展，影响自己的成功，这个时候，你就可以想想画家所说的话了，那是一片"美丽的琥珀色"。这到底是什么，就看你有什么样的看法了。

换一个角度思考，是否都会心平气和了？

## 改变画面

一般人不快乐是因为脑海中有不快乐的画面，所以，如何修改画面，创造活力，是决定我们幸福的枢纽。例如迪斯尼乐园有许多卡通人物，其中最受欢迎的是米老鼠，华特·迪斯尼先生把大家最讨厌的老鼠借着画面的转变，成为人们欢乐的象征。

色彩具有不可思议的神奇魔力，会给人的感觉带来巨大的影响。色彩可以使人的时间感发生混淆，看着红色，会感觉时间比实际时间长，而看着蓝色则感觉时间比实际时间短。颜色有让人心理上感觉暖或感觉冷之分。凡此种种，不一一列举，这也是色彩心理学的研究内容之一。

我们可以借用色彩来调整自己的情绪状态，明快的颜色更容易使你走出阴霾，中性颜色具有缓解焦虑紧张的作用。比如当你暴躁不安时，要尽量减少红色的刺激；如果你正沮丧消沉，就不要再穿黑色或深蓝色的衣服。紫色能减轻焦虑、帮助睡眠、降低体温，以及减缓对紧张的敏感度；绿色有镇定、舒缓焦躁、恢复元气的能力；橙色具有释放压力和对抗忧郁沮丧的效能；红色可以振奋精神，消除忧郁，使人活泼开朗等。

每个人经历中都会有一幅印象深刻、让自己感到惬意的美丽画面，我们可以想象现在身在其中，感受着美好、愉悦，对摆脱烦恼、陶冶情感、使内心趋于平衡有很大帮助。

## 改变时空

人们在遇到事件时产生的情绪，会随着时间的延长，程度慢慢淡化，所以，有时候，"拖延"也不失为一种调整情绪的方法，"拖延"也是一种策略，就是等待事情的变化或者明朗化。

我记得有一年去乌鲁木齐，讲完课后准备搭乘晚班19点半的飞机返回北京，到达北京应该是23点左右。当接近登机时间时，听到广播中传出：我们很抱歉地通知飞往北京的××航班因为飞机故障原因推迟起飞。哇！正好是我要搭乘的那班飞机。等吧！一开始真有点不耐烦，可等了3个小时以后时，我又开始想干脆再延迟1小时算了——因飞机故障延误4小时以上航空公司要赔偿！可是，到了还差10分钟就延误4小时时，突然又广播通知登机了！得！赔偿没戏了！急忙登了机，结果还是不起飞，大家就猜测了："肯定飞机还没修好，怕赔偿，所以赶紧让我们登机！"可是令人愤怒的是乘务长的解释："我们的飞机没有出现故障啊！""来的时候多了一件行李所以又返回去了。""是空中管制不让飞！"解释自相矛盾，这下场面就混乱了，飞机上的乘客有的要下飞机，说：我们不飞了，一定要讨个说法，故障就是故障，该赔就得赔！有的起来要求澄清事实：不是机场就是航空公司，其中一定有说谎的！有的跟乘务长谈判：全额退票，耽误的时间必须有个交代！叫嚷声此起彼伏，乘务员们忙着安慰这个、劝慰那个。最后乘务长答应，我们的总部在北京，要回到北京后才能进一步解决有关说法和赔偿问题，且已经和总部联系了，会有相关人员在机场等候。此时已经是次日凌晨1点半，飞机终于起飞了。

已经是凌晨了，大家也疲乏了，起飞没多久就大多进入了梦乡。我开始想，这可能是航空公司运用了一个心理学的技巧，采用"拖延战术"，因为三个半小时的飞行之后，乘客的愤怒情绪肯定会有所下降的，即便还剩几个较真的，也就好对付了。

果不其然，飞机落地后，天已经蒙蒙亮了，几乎所有乘客都是急匆匆下飞机，取行李，忙着离开，赔偿的事不再有人关注了。

看来，借着时空转变，的确可以调整我们的情绪。

## 改变焦点

学习转变焦点，一百分的事情，有九十九分做得不对，请锁定在那一分做好的事情上面；如果一百分的事情，你全部都搞砸了，没关系，请锁定焦点在你做了的部分——永远锁定对你有益的事。

美国一位心理学家曾经做过一个有趣的实验。研究者让参加实验的大学生戴上"分视眼镜"（戴上这种眼镜，两只眼睛能够看到不同的物体，而不是只看到相同的物体），观看一张一只眼睛能够看到美味食品，同时另

## 第二篇　情绪调试

一只眼睛能够看到美丽景色的图片。结果发现,饥饿状态下的大学生只看到了美食,而当大学生吃饱之后再看这种图片时,他们大多能够看到美景。这一实验告诉我们,人们的情绪并不一定"纯粹"地受外部事件刺激的影响,外部事件往往与人们的需要相互作用,形成不同的情绪反应或情绪体验。

人们都说"眼见为实",其实心理学说"眼见并不一定为实",因为视觉会有误差。生活中都知道胖人穿竖条衣服显瘦,不是这个道理吗?用心理学一个原理解释,叫"竖线估高"。

"感觉不是现实,地图不是领土。"但许多人非常相信自己的感觉,他们认为,"自己的感觉是真实、可信的,感觉永远不会欺骗自己"。其实,有时感觉并不完全正确,甚至会出现错觉,也就是说,你的感觉也可能会欺骗你。你的消极情绪有可能是由你错误的感觉引起的,你的消极情绪可能是由你的感觉扭曲引起的。

情绪心理学家认为,当你感到不愉快时,你可能正在消极地思考某些事情,并且,你完全相信你的思想。你的情绪服从你的思想,就像是一个孩子一直跟随着母亲,但是孩子对母亲的忠诚并不表明母亲知道孩子的理想和孩子最终希望往哪里走。

### 改变动作

心理学家研究发现,人们可以借着动作的调整来改变自己的情绪。例如,遇到不如意或挫折发生时,通常头一定会低下且肩膀下垂,此时如果你把头仰起,且挺起胸膛,肩膀提高,你的情绪会飞扬,活力重现。所以情绪是可以由动作来创造引爆的。科学研究还告诉我们:"快乐取决于我们的行动,取决于我们做什么以及怎么做。"

行动至少可以从以下几个方面让你感受到快乐。首先,以身体活动带动大脑积极活动。活动你的身体时,你的大脑也会随之活动起来,就可能促使大脑产生积极的变化，你的活动使大脑感受到快乐，你的快乐又促进了大脑的积极变化。这是一种"快乐的良性循环"。其次，全身心投入做具体事情。做事可以使你没有太多的时间思考你的痛苦，或者说做事本身及相关的思考能够把不良情绪挤出心理空间，使你忙得没有时间难受。第三，只要你投入地做事情，行动往往还会带来行动之外的收获，这是一种意外收获。第四，多想想行动过程的快乐。行动本身能够帮助人摆脱"自寻烦恼"的心理误区，并在不知不觉中增加快乐指数。

改善情绪先从改善行为做起。研究者已发现，脸部表情的操作可以引起或增强相应的情感体验。我们可以对着镜子，口中横着放一只筷子或者牙刷，然后把筷子或牙刷拿掉，而口型保持不变，这时候看着镜子里的你发出"嘿嘿，嘿嘿"的笑声，开始你会是假笑，几分钟后，你的情绪就会好起来。

你也可以嘴里什么都不含着，张嘴发出"咦——"的声音，慢慢把嘴角两侧向上挑，一会儿，你的情绪也会好转。

不信你就试试！

## 改变问话

问话的技巧也会对情绪产生影响，所以无论何事发生，请问自己五个问题：一是这件事情的发生对我有哪些好处？二是在这个事情当中，有哪些地方不够完善？三是我应该怎样做，才可以让事情达成想要的结果？四是我从中学到些什么，以后有哪些错误不应该再犯？五是现在我应该采取什么样的行动？

这是一套模式，我们称它作"成功五问"，从改变你的思维模式，再转变到你的行动模式。

第二篇　情绪调试

## 改变方法

人们经常坚持用相同的方式做事，却期待不同的结果。以发明飞机为例，一般人认为飞机能飞在于有翅膀，其实翅膀只是帮助飞机飞得更稳，飞机能不能飞在于本身是否有动力。

社会永远赞赏自我控制。任由自己引人注目、不懂得把自己的愤怒和忧伤收起来、所有不合时宜的情感表达都是心理脆弱的表现。这是个矛盾的时代，一方面鼓励人们真实地表达自我，另一方面又要求人们自我控制，把所有不合时宜的情绪收起来。复杂的现实社会，对我们的情绪管理水平提出了极高的要求。我们该如何与情绪和平共处？

总之，情绪管理是对个人或他人的情绪调节，从调节对象、调节类型和调节内容三个方面来讲，学者们用十五个字对情绪调节的要点进行了概括：多角度关注、多方面入手、全方位运作。

趣味测试

### 如何管理自己的情绪

据美国密歇根大学心理学家南迪·内森的一项研究发现，一般人的一生平均有30%的时间处于情绪不佳的状态。不会管理自己的情绪，不仅将人际关系弄得一团糟糕，原本可以得到顺利解决的问题也因此而变得更加复杂起来。

你是情绪操纵高手吗？你能自我安慰、摆脱焦虑、灰暗和不安吗？

请做下面的测试。

爱上一个人后，好像认识得越久，就会有越多的恶习出笼，和最初相恋时的完美形象大相径庭。到底什么样的爱情酷刑让你觉得最受折磨？

A．爱人常和酒肉朋友鬼混

B．动不动就爆发冷战，避而不见

C．抽烟、喝酒、赌博等恶习

D．喜欢管这管那

### 结果分析

选A：你不会管理情绪，常为不必要的事浪费时间。

你很在意自己所处的地位是否巩固，所以如果你知道自己还是处于胜利者的地位，仍然高高在上，就不会太介意平时发生的小事了。人生难免会有起伏，说你完全不会受影响那是不可能的，但是你会评估此事的重要性。将时间和力气花在不必要的争执上，对你而言，实在是太浪费时间了。

选B：你过于敏感，常将事情严重化。

你的感觉很细腻，别人的一两句无心之语，你听到后，就如同千万根针在扎着你的胸膛，让你痛不欲生。很多时候，是自己把事情严重化了，明明对方没有那么多枝枝节节的想法，可是经过你一诠释，好像就演变到非开战不可的地步。大部分了解你个性的朋友，都会尽量小心说话，免得成为罪人。

选C：你是个情绪管理高手。

你能够将自己的感觉隐藏起来，让别人不知道你在想什么。可是，你会在适当的时刻释放出你的心理压力。对于别人和自己而言，这些小火花不具有任何杀伤力，你在无形中就将伤害降至最低。在别人眼里，你像是一个没有脾气的人，其实是因为你熟知该如何处理自己的情绪垃圾，才能控制得如此得体。

选D：你的情绪来去匆匆。

你有点容易急躁，不喜欢被别人盯得很紧。如果有人太过关心你的

生活和一举一动,即使只是提出一个小建议,恐怕都会引起你很大的反应,因为你喜欢照自己的意思做事,不愿受人干涉。被人管束会使你有窒息的感觉,你简直一秒钟都不能忍受。你的情绪来得急,去得也快,不过要留心别在盛怒时对别人造成心理伤害。

## 如何化解不良情绪

心理学把人对待情绪的态度分为以下三种模式。

(1) 自觉型:这种人非常清楚自己的情绪状态甚至清楚构成自己性格的基调。自主性强、进退得宜、心理健康、乐观向上。情绪不佳时不会忧思终日,能很快走出阴霾。简而言之,这种人比较善于管理情绪。

(2) 难以自拔型:这种人常觉得被情绪淹没无力逃脱,情绪善变而不自觉。又因自知无力控制情绪,索性听任自己深陷低潮。

(3) 逆来顺受型:这种人通常很清楚自己的感受,但不求改变。这又可以分成两种类型,一种情绪常保持愉快,因而缺乏改变的动力,一种情绪经常恶劣但采取自由放任的态度。

一个人并不能像一根木头一样,没有情绪和思想。一个人不可能永远都不发怒,不可能永远都能心情很好地度过生活中的每一天。

生活中,我们经常见到有人发脾气,也经常看到有人因为发了脾气,而把事情搞得一团糟,其中的原因不是这个人的能力不够,更不是这个人缺乏沟通的能力,而是因为这个人1%的坏心情,导致了最后100%的失败。

或许你可能不信这个结论,也或许你认为这么说有点夸张。其实不然,一个人的心情和一个人手头所做的事情有着很紧密的联系,心情好,手头的事情也相对能完成得好,或许说是完成的质量较高。相反心绪不稳,总是左顾右盼、心慌意乱、胡思乱想,根本就不把心思放在工作上,这样的心态就不太可能把事情做好。

所以，无论你在工作还是生活中，当和别人发生矛盾产生很多的怨气和不满时，只要你还没想调离或辞职，只要你还想继续过这个日子，就不可以陷入僵局。

### 1. 控制你的情绪

如果你怒气冲冲地找上司表示你对他的安排或做法不满，很可能把他也给惹火了。所以即使感到不公、不满、委屈，也应当尽量先让自己心平气和下来再说。也许你已积聚了许多不满的情绪，但不能在此时一股脑儿地抖搂出来，而应该就事论事地谈问题。过于情绪化将无法清晰透彻地说明你的理由，而且还使得领导误以为，你是对他本人而不是对他的安排不满，如此你就应该另寻出路了。

### 2. 抱怨的方式很重要

想抱怨时也要尽可能以赞美的话语作为抱怨的开端，心理学把这种方法称作"三明治沟通法"。这样一方面能降低对方的敌意，同时更重要的是，你的赞美已经事先为对方设定了一个遵循的标准。记住，听你抱怨的人也许与你想抱怨的事情并不相关，甚至不知道情况为何，如果你一开始就大发雷霆只会激起对方敌对、自卫的反应。

不要见人就抱怨，只对有办法解决问题的人抱怨，是最重要的原则。抱怨时，要多利用非正式场合，少使用正式场合，尽量与上司和同事私下交谈，避免公开提意见和表示不满。这样做不仅能给自己留有回旋余地，即使提出的意见出现失误，也不会有损自己在公众心目中的形象，还有利于维护上司的尊严，不至于使别人陷入被动和难堪。

抱怨时要注意，要让领导和同事切实感到，你是被所抱怨的事伤害了，而不是要攻击或贬低对方。切记，你抱怨的目的是帮助自己解决问题，而非让别人对你形成敌意。

### 3. 善于做出让步

俗话说：忍一时风平浪静，退一步海阔天高。在适当的时候要善于做出让步，以免自己的心理压力太大或者是增添烦恼给自己的生活带来很多不愉快。让步，其实也是一种豁达的心境，从本质上说也就是"放下"。

曾经有一个富翁背着许多金银珠宝到远处去寻找快乐，可走过了千山万水却未找到快乐。他沮丧地坐在山道旁，这时有个农夫背着一大捆柴从山上走下来，富翁问道："我是一个令人羡慕的富翁，为何没有快乐呢？"农夫放下背上沉甸甸的柴，舒心地揩着汗水："快乐其实很简单，放下就是快乐啊！"富翁听了顿悟，用珠宝接济穷人，慈悲为怀，终于找到了快乐。

在生活中不仅放下"别人"是一种快乐，放下"自己"更是一种快乐。

曾经有一句古语是这么说的：尽吾志而不能至者，无悔也。也就是说在处理生活中各种大大小小的事情的时候，只要做到"尽人力"，就可以满足了，至于以后的成败得失，就不必耿耿于怀，这样才能过得洒脱，才是大智。不要执着地看问题，放下执着，享受现在。

### 4. 运用优势比较

受挫后有时难于找到适当的倾诉对象以诉衷肠，就需要自己设法平衡心理。优势比较法是去想那些比自己受挫更大、困难更多、处境更差的人，将自己的情绪逐步转化为平心静气。还可以寻找分析自己没有受挫感的方面，即找出自己的优势点，强化优势感，从而改善自己的情绪状况。

有一句谚语说：有一个因没有鞋穿而哭泣的小女孩，看到了没有脚的人，她停止了哭泣。

### 5. 别耽误工作

即使你受到了极大的委屈，也不可把这些情绪带到工作中来。否则，正常工作被打断，影响了工作的进度，其他同事会对你产生不满，更高一层的上司也会对你形成坏印象，而上司更有理由说你是如何不对了。要改变这么多人对你的看法很难，今后的处境就更为不妙。

### 6. 提出解决问题的建议

当你对领导和同事抱怨后，最好还能提出相应的建设性意见，来弱化对方可能产生的不愉快。当然，通常你所考虑的方法，领导也往往考虑到了。因此，如果你不能提供一个即刻奏效的办法，至少应提出一些对解决问题有参考价值的看法。这样领导会真切地感受到你是在为他着想。

### 7. 学会情绪转移

一个人的情绪不是一成不变的，它不是从一开始生成就始终保持一种状态的，而是可以转移甚至是可以消失的。它就像一股水流，水沟的方向和形状决定了水流的方向和水体的形状，因此人们要想控制情绪，就要有一个好的"情绪出口"，把不良情绪清除出去，把情绪引导向有利于自己的方向。

另外要注意：清除不良情绪的方式有发泄与宣泄，但两者不同。发泄有即时性、冲动性、条件反射性的特点，所以往往后果不可控制、不堪设想。我们强调要采取宣泄的方式来清除不良情绪。宣泄与发泄的最大不同是主动性地选择合适的时间、合适的方式、合适的地点对不良情绪进行疏导，方式要合理、文明、高雅、富有人情味。当有意识地把不良情绪和内心的压力排泄出去，释放了积聚的不良能量以后，紧张情绪得以缓解，压力得以减轻，身心会趋于新的平衡。

上述观点你同意吗？是否还能找出其他办法呢？

## 处理坏情绪的方法

我们在压力管理篇章中也介绍了一些宣泄方法，在这里再提供几招处理坏情绪的方法，供大家参考。

## （一）文字法或涂鸦法

在感到痛苦、难受时，将自己的感受、经历、想法统统写出来，想到什么就写什么，不要考虑形式，也不管内容是否连贯，只要是当时想到的，都可以写。或者拿一支铅笔、彩笔在一张大纸上随意涂抹，说不定你能在解决情绪问题的同时，创作出一幅高水平的抽象画。

## （二）幽默法

生活中不能没有幽默。当事业遇到阻力时，幽默给你带来良好的心态，让你释怀；当你情感遇到挫折时，幽默是有效的润滑剂，缓解矛盾，一笑泯恩仇；当你健康情况欠佳时，幽默是最好的"开心药"，使你消除紧张，祛除病痛，让你生活多一点趣味。幽默体现了一个人的智慧和情趣。

传说有一位哲人，朋友颇多，他也经常邀朋友到家中小酌，探讨一些人生的哲理。而这位哲人的夫人恰是一个脾气很暴躁的悍妇，高兴的时候怎么都行，不高兴时就不知道会做出什么意想不到的事情。有一次，家中来了很多朋友，这位夫人就在厨房里为朋友们做甜点。可能有什么事情需要帮忙，她叫丈夫进厨房一下。这时丈夫正跟别人争论一个问题，就没有立即起身去帮忙，夫人喊他的声音越来越大，当丈夫说完自己的观点准备起身时，这时候夫人已经怒不可遏地端了一盆水出来，哗地泼到了丈夫身上，丈夫顷刻间从头到脚全湿透了！水泼了出去，妻子也清醒了，朋友们也都面面相觑不知如何是好，这时候，哲人说了一句话："我就知道雷声过后一定会有倾盆大雨！"这一个幽默一下子就把气氛缓和了。换做你，会怎样？

塔西南勘探开发公司职工医院是我们中国石油中心医院非隶属的分院。我们每年要派专家去分院提供技术支持。分院有一个维吾尔族司机，我们都亲切地喊他"老木"。他是一个很有幽默天赋的人，汉族的歇后语他记得比我们还多，而且总能恰如其分地运用，常常把我们逗得哈哈大笑，和专家们有很深的感情。他遇到不快乐的事情时，会把所有的忧愁用幽默一笑带过。比如说被警察罚款了，他就在车里骂上几句，开涮一下，再说几句玩笑话就过去了。他的幽默无不体现出他的聪明才智和对生活的积极理解，所以他给我们留下了深刻的印象，难怪凡有分院领导到总院来，被专家们问候最多的就是"老木"！

## （三）痛哭与喊叫

当你感觉太压抑时，应该适当发泄出来。找个僻静的环境大喊大叫，甚至用平时最说不出口的脏话痛痛快快地大骂一顿；或者晚上在家里把灯光调暗点，放着《思乡曲》《辛德勒名单》《梁山伯与祝英台》等催人泪下的音乐，回想经历过的不满和伤心、委屈和郁闷，抱着枕头酣畅淋漓地大哭一场，都可以让情绪得到尽情的发泄，不过最好别让对自己不友好的人看见，要不然那种怪异的眼神也会让自己难受。当然，你要不在意这种眼神也没关系。

曾经看电影《妈妈再爱我一次》，所有的人在电影院中大哭不止，出来后都发现自己轻松了很多。实质就是把心中的不满、委屈在合理的场合，以合理的理由，宣泄出来了。大哭一场，可以排出体内过多的儿茶酚胺，可以减轻压力。有句话叫作"男儿有泪不轻弹"，其实男儿也要当哭则哭。现在人均寿命是74岁，男人平均寿命是72岁，女人是76岁。男人为什么比女人平均寿命少4年？有人总结为："男人有泪不轻弹，男人有话不爱讲，男人有病不去看，男人有家不爱回。"

宣泄法是一种将内心的压力排泄出去，以促使身心免受打击和破坏的方法，通过宣泄内心的郁闷、愤怒和悲痛，可以减轻或消除心理压力，避免引起精神崩溃，恢复心理平衡。"喜怒不形于色"不仅会加重不良情绪的困扰，还会导致某些身心疾病。因此，对不良情绪的疏导与宣泄是自我调节的一种好办法。

宣泄的方法应该是合理恰当的。简单的打打砸砸，吼吼叫叫，迁怒于人，找替罪羊（丈夫、妻子、孩子、同事），或发牢骚、说怪话等都是不可取的。宣泄应是文明、高雅、富有人情味的交流。

维吾尔族员工喝酒时喊"hexie！"（颇有和谐的音译）。新疆有个化肥厂领导就把这个"号子"作为一个很好的比赛项目，看谁喊得时间长，长者获胜，长者有奖！真不失为一举几得的好办法——宣泄了不良情绪、增进了相互之间的感情、锻炼了肺活量、促进和谐……不得不佩服这位领导的创意！

### （四）逛街购物法

这是女人们爱采用的解压方式。既然心情不好，那就给自己来点物质安慰。大商场里、专卖店里、品牌屋里，平时要下很大决心才敢买的东西，这时候想不了那么多了，当买完了东西拎着大包小包回家的时候，基本上就不是生气而是在计算如何才能收支平衡了，等算清楚为了消除不快乐的成本太高以后，就会心里一惊，想以后还是要宽宏大量一点，凡事要想开了。

当然，作为男人，如果你发现夫人有一天突然拎回家一堆她用不着的东西，你千万别着急，别抱怨她："你怎么买回来这么一堆没用的东西，多浪费钱呀！"你最好凑到她身边，用关切的语气问她："夫人，这两天是不是有什么烦心事啊，说来听听，我帮你出出主意。"这时的夫人一定会感激地抱着你大哭一场，告诉你，下辈子还会嫁给你！

### （五）自我激励法

人需要激励，而自我激励比外部的激励更可靠，因为只有自己最清楚自己什么时候需要激励。会自我激励的人，好比自己随身带了个急救包，可以随时打开，医治自己心灵的创伤。人在遇到挫折、感到痛苦时，最需要激励，但是，人们往往在这时会受到责备，或者进行自责，所以，保持健康的心态需要进行自我激励，换句话说，心理健康的人，会进行自夸！特别是在遇到挫折时，他们会在内心深处对自己进行表扬！

"我能行！""我是最棒的！""我是一个坚强的人！""困难只会增加我的勇气！""我是一个勤奋付出的天才！""我随时随地都可以保持理智的头脑！"

## （六）积极行动法

俗话说，"扫帚不到，灰尘是不会自己跑掉的"，化解不良情绪的目的还是为了解决问题，如果问题不解决，情绪会越来越恶化。所以，遇到挫折时，我们只有面对问题，充分准备，勇敢、积极地解决问题。

例如，你不得不进行一次让你感到害怕的演讲，那么只有提前准备材料，书写提纲，预先练习。在走上讲台时虽然心跳加速，但你鼓足勇气大胆发言，随着演讲的进行，你慢慢自信心增加了——原来不过如此！原来我也可以！正如一首歌中所唱的"不经历风雨，哪能见彩虹"，人正是在挫折和压力之下百炼成钢，逐渐成熟起来的。

## （七）冥想法

你可以用几分钟时间，随意想象一些让自己感到舒适的事情，例如：躺在海风吹拂的棕榈树下喝着椰汁；在金色的胡杨林中吃着喷香的烤肉，听着悦耳的新疆民歌；走在铺满落叶的小路上迎面吹来清爽的微风；在遍地花草的牧场上，看到清凉湖水的感觉……在这样的想象中，你的挫折感、压力感会渐渐地减轻。

## 第二篇 情绪调试

你已经知道了什么可以使你快乐，什么会让你放松，那么就允许自己用很短的时间暂时逃避到一个特定的空间，在那里你可以尽情地放松，尽情地享乐。

我最后还想说：调节情绪的方法还有很多很多，只要用心就能找到。但每个人的心理特征不同，管理情绪的方法也会有很大差异，不同的技巧适合于不同的人群。你认为有效的技巧别人不一定适合；对别人效果好的方法不一定就适合你。还有一点要注意：管理情绪不能仅掌握一种方法，可以多种方法综合应用。

请选择适合自己的技巧或方法吧！多加练习，逐渐使自己的工作更加愉快、心情更加舒畅、生活更加幸福。

### 趣味测试

**你常被紧张情绪困扰吗**

紧张是人体在精神和肉体两方面对外界事物反应的加强。我们知道，适度的紧张是我们生活和生存所需要的，但过度的紧张则使人睡眠不安，思考力及注意力不能集中，严重时可引起头疼、心慌、腰背痛、疲劳等症。那么，你是否常常被紧张情绪所困扰呢？你能保持一份平常心吗？扫码测试一下吧。

扫码在线测试

石油员工心理健康手册

更多精彩内容请扫码观看视频

# 第三篇　人际和谐

　　心理学研究表明，人际关系在我们的生活中有着举足轻重的作用。与他人建立良好的人际关系，不仅可以缓解我们在工作、生活中的孤独与寂寞，而且对我们的身心健康有着不可替代的影响。本篇把大家常见的问题用心理学原理进行分析和阐释，并结合实际，介绍一些心理学的技巧与方法，从而促进人际和谐。

第三篇 人际和谐

## 第一节
## 人际关系具体指什么

人际关系是指人对人的影响与依赖，是我们在与人相处过程中所结成的一种心理关系，是每个人都离不开的。

人是社会性的动物，与他人进行有意义的交往是人类社会生活的前提。心理学家指出：归属的需要是人类最重要、最基本、最广泛的社会动机。有人研究了人们的时间利用，发现人们大部分时间是与他人在一起（青少年74%，成人71%），并且和他人在一起的时候，表现得更快乐、警觉和兴奋，和他人在一起可以减少自己的恐惧和焦虑。并且还发现，人们寻求与他人交往、交朋友并进一步发展成为亲密关系的倾向源于自身生存的遗传特质，为了生存，人们需要和他人交往。

在社会交往中，人们不仅相互感觉、相互认识，而且也形成一定的情感联系，这种情感联系集中表现在人际吸引上。换句话说，人与人的相处与人际吸引有关，吸引力法则提示：吸引力大的，相处的意愿大；没有吸引力的，自然少有人愿意共处。

### 人们为什么互相吸引

**1. 人类的亲和需求**

心理学家阿特金森等人认为，有两种动机影响人们的社会交往：一是亲和需求，它是指一个人寻求和保持积极人际关系的愿望；二是亲密需求，指人们追求温暖、亲密关系的愿望。

人类的亲和需求与两个方面的因素有关。

第一个因素与社会比较有关，它强调人们通过社会比较获得有关自己和周围世界的知识。认为人们之所以与他人亲近，是为了拿自己的感觉与其他在同样情境下的人比较。人们不仅通过社会比较来判断自己的能力和自我概念，而且通过它获取有关自己情绪甚至朋友选择方面的信息。

第二个因素与社会交换有关，人们通过社会交换获得心理与物质酬赏。包括以下几方面。

依附感的获得：这种依附小时候指向父母，成人后则针对配偶或亲密朋友，这种依附能给人提供安全及舒适感。

社会整合：通过与他人交往，并与他人拥有相同的观点和态度，产生团体归属感。

价值保证：得到别人支持时所产生的自己有能力有价值的感觉。

可靠的同盟感：通过与他人建立良好的关系，意识到当自己需要帮助时，他人会伸出援助之手。

得到指导：与他人交往可以使我们从他人那儿获得有价值的指导，比如从医生、朋友以及老师等处。

受教育机会：与他人交往能够使我们有机会接受来自他人的教育。比如我们常说的："三人行必有我师焉。"

### 2．为了克服寂寞

人们与他人交往的第二个原因是为了克服寂寞。相信我们每个人都有过寂寞的体验，什么是寂寞呢？心理学对寂寞所做的定义是：当人们的社会关系缺乏某些重要成分时所引起的一种主观上的不愉快感。比如当你远离自己的故乡到异地工作或是去他乡求学的时候，在最初的一段时间内，由于人生地不熟，你就会觉得自己的社会关系当中缺乏你所熟悉的、需要的支持与关爱，你必然会有寂寞的体验。

心理学家把寂寞分为情绪性寂寞和社会性寂寞。情绪性寂寞是指没有任何亲密的人可以依附而引起的寂寞。社会性寂寞则是指当人缺乏社会整合感或缺乏由朋友或同事等所提供的团体归属感时产生的寂寞。比如远在国外生活的人常常会因为作为一个来自不同文化的人，观念和行为很难融入当地人的生活中去，缺乏社会整合感和团体归属感，因此而产生寂寞。

在谈到寂寞的时候，我们还需要弄清楚它与孤独的不同：孤独是一种与他人隔离的客观状态，孤独可以是愉快的或不愉快的，如科学研究者经常是孤独的，但是他们是在孤独中探索科学的启示与技术的进步，所以尽管孤独却并不寂寞。

### 影响人际吸引的因素

许多因素对人与人之间的关系和依赖产生影响，心理学研究表明以下几个方面比较重要。

#### 1. 个人特质

一个人的某些特征会决定他是否受人喜爱。在一项研究中，收集了数百个用来描述个人特质的形容词，让大学生评定对具有其中某项特质的个体的喜欢程度。结果发现，真诚是最重要的特质，另两项特质为"温暖"及"能力"，而被评定为最低的特征为说谎及欺骗。也就是说，人们认为一个人是否真诚决定着我们是不是会喜欢这个人。

真诚，我们都好理解，但"温暖"是什么意思呢？

温暖是影响我们形成对他人第一印象的主要特质，什么因素让人觉得温暖呢？当人们对其他人有正性（积极）态度时便表现出温暖，所以，温暖的人较受人欢迎。

另外，人们往往比较喜欢有能力的人，能力所涉及的范围很广，比如智力、社交技巧等。在社会生活中，聪明的人较受欢迎，但有时候过于完美反而引起他人不舒服。有一项实验证明了"能力使人喜欢"的一般效果，即表现优异的人受人欢迎。但是他们还发现了另一个有趣的结论，就是当优异者有了一点小小的疏忽或失态时，比他毫无失误时更受欢迎。

还有就是外表的吸引力。人们最容易注意到的是他人的外表，在其他条件相等的情况下，漂亮的人更招人喜爱。外表之所以有如此强烈的影响力，一是因为晕轮效应的存在，用通俗的话来讲就是"美的就是好的"。另一个因素是所谓的"漂亮的辐射效应"：人们认为让别人看到自己和特别漂亮的人在一起，能提高他们的大众形象，就像对方的光环笼罩着自己一样。

2．相似性

人们倾向于喜欢在态度、价值观、兴趣、背景及人格等方面与自己相似的人。

影响相似性有几个重要的来源：一是人口特征的相似性，它包括性别、民族背景、信仰、社会阶层以及年龄；二是态度的相似性；三是外表相似性。在选择约会对象及婚姻方面，心理学家发现人们往往倾向于选择与自己在长相上相似的异性做伴侣，这种倾向被称为"匹配假设"。国外对约会情侣的一项研究发现，这些情侣在年龄、智力、宗教、外表吸引力、甚至身高上都很相似。还发现那些背景最相似的情侣，一年以后分手可能性也小。

为什么相似性对人际吸引如此重要？国外学者的平衡理论认为，个体有强烈的欲望要维持自己对他人或事物态度的协调一致性，而这种一致性可以通过喜欢或不喜欢来达到：喜欢某个人，而同时与他在某个问题上有不同意见将导致心理上的不愉快，因此人们便借喜欢那些支持自己意见的人，或反对与自己不同的人，从而使认知达到平衡。

3．互补性

在恋爱与婚姻关系中，人们有时候喜欢与自己在某些方面相反的人。国外学者对37个文化群体的研究发现，在异性关系中男性喜欢年轻的女性，而女性却喜欢老一点的男性，就把这种现象叫作相貌换地位：男性喜欢年轻女性是因为她们漂亮，而女性喜欢老一点的男性是因为他们成熟且有地位。这种互补性有时候也表现在交往双方的性格上，比如夫妻双方性格的互补性就能使家庭生活更有意思。

**4．熟悉性**

熟悉性也会对人际吸引起作用。以巴黎人对埃菲尔铁塔为例，开始建造时人们非常愤怒，认为它很讨厌，就好像在这美丽的城市栓上一颗大螺丝，破坏了原来的景色。可是今天，它变成了令人喜爱的纪念塔，甚至成为巴黎的象征，是熟悉感特性培养了人们对它的喜欢。

熟悉性导致喜欢的最常见的现象就是曝光效应：某个人只要经常出现在你的眼前，就能增加你对他的喜欢程度。当然，曝光效应也有限制：一开始对他人的态度是喜欢或至少是中性时，见得越多才越喜欢；如果一开始就讨厌对方，那么见得越多反而越讨厌。

**5．接近性**

与他人住得近也是影响人际关系的因素之一。学者对社区友谊模式的研究发现，人们住得越近就越有可能成为朋友。接近性为什么能引起喜欢呢？首先，接近性能增加熟悉性，而越熟悉，喜欢的可能性越大。其次，接近性也与相似性有关，在有选择的情况下，人们往往愿意选择在某些方面与自己相似的人为邻居，比如高收入阶层的人愿意选择与自己类似的人为邻居。最后，从社会交换的观点看，物理距离上的接近性使得你更易获得来自他人的好处，他人可以随时来帮助你，与这样的人交往，你可以用较小的代价换取较多的好处。

对中国人来说，人际关系更是被放在一个重要的位置之上。除了与西方人同样的发展思路，中国人建立人际关系的方法还很有自己的特色。香港中文大学的一位教授在谈到中国人关系建立的时候就指出：随着中国大陆"文化大革命"的结束，拉关系、走后门的风气开始盛行时，各种各样的关系学大行其道。

正如一幅漫画的配诗所言：

文学、医学、经济学、数学、化学、物理学……这学那学不用学,最最实用关系学。

老乡、老友、老上级,七姑、八姨、舅子哥,四面八方拉关系,关系越多好处越多。

不是前些年流行这样的顺口溜吗:一起同过窗、一同下过乡、一块儿扛过枪……就是铁杆兄弟,关键时刻这些关系会相互帮助。

**趣味测试**

### 人脉网中你属于哪种类型

下面看看你在人脉网中属于哪种类型。如果你想在你家的周围筑一道围墙,你会用下列哪一种材质呢:

A. 木质　　B. 铁质　　C. 砖质　　D. 在房子的周围栽上树

**结果分析**

选A:爱恨分明型。

对你喜欢的人你会热情与之交往,对你讨厌的人则冷若冰霜,一副不爱搭理的样子。你是爱恨分明,交友很有选择性的人。由于你交友很投入,所以你也可能因看错人而吃亏上当。你应该重新到你的渔网里审视一下,看看有没有鱼目混珠的情况。

选B:社交家型。

你有着社交家的聪明和睿智,还有非常宽阔的心胸,可以接纳任何人。你是个活泼开朗的人,与任何人都能交际,是个社交家的类型。你拥有许许多多同性和异性朋友,你很像良莠不分的互联网,但值得注意的是:别一味充当好人,以免被别人误会。

选 C：感情泛滥型。

你就像是一个自信又不服输的大蜘蛛。你精心织就了一张有吸引力和诱惑力的大网。经常有些懵懂的人成了你的猎物，尤其是那些感情丰富的异性。但是主动权不会永远在你手里，还是别利用别人的天真为好。

选 D：外冷内热型。

你对朋友的标准要求很严格，能够成为你朋友的人都是像筛沙子那样经过你的严格筛选的，你表面上看起来生硬又消极，与那些人不熟的时候你不会多说话，只有关系融洽了才能展示你开朗活泼的一面。你的交友不多，但都是很知心的朋友。就算你身边的人不多，你也不会感到孤独，反而总是感到很温暖。

## / 第二节 /
## 良好的为人处事方式有哪些

曾有人对各类单位的人际关系做了如下盘点。

最容易走向极端的——同体系内：上班是同事，下班是邻居，流动性小，抬头不见低头见，要么热乎得像一家人，要么老死不相往来。

最如履薄冰的——私企：你的"下属"可能就是老板的"上司"，一个不起眼的同事也不能小瞧，要迅速摸清公司里的各种人际关系网络，把这个打理清楚了，也就成功了一半。

最明确的——外企：这里最重要的因素不是人，而是职位。只要职位明确，人际关系自然明确。

最合拍的——诸如网络等新经纪公司：最突出的表现是在下班后，一帮同事常聚在一起吃饭、聊天、交流情感，同事交往几乎完全代替了社会交往。

在工作与生活中，我们的困惑、苦恼、焦虑、兴奋、快乐等一般来自于人与人之间的相互关系，我们几乎所有的行为都与别人有着千丝万缕的联系。工作中，我们要与领导、同事、下属相处；生活中，我们要与朋友、同学、陌生人相处；家庭中，我们要与父母、爱人、孩子相处。我们几乎用60%的时间和精力来处理各种关系！

如果我们与人相处得好，在工作中，就能充分协调合作，实现多出成绩早出成绩的效果；在生活中，就能赢得朋友的友谊和帮助，真正做到左右逢源；在家庭中，就能营造出美满和谐的氛围，享受天伦之乐。

如果我们不善于与人和谐相处，外面的人际关系一团糟，家里面也搞得一片乌烟瘴气，那人生还有什么幸福可言啊？

能否与别人融恰相处和一个人的性格没有太大的关系，决定因素在于你为人处世的方式，在于你对人与人之间一些细节的处理与把握。

那么，我们现在就从见面开始谈起，慢慢切入人际关系的心理学原理，学习怎样与人友好相处，掌握一些心理学的技巧，处理好人际关系。

## 初次见面

我们是否常听到这样的话：

"我从第一次见到他，就再也忘不掉了。"

"我不喜欢他，也许他给我留下的印象太糟了。"

"从这个人一进门开始，短短时间内，我就知道他是否合格。"

这些话说明了什么？说明大多数人是以第一印象来判断、评价一个人的。对方喜欢和你交往，可能是因为你给他留下了很好的第一印象；对方讨厌你，可能是你留给他的第一印象太糟。

这就是心理学的"首因效应"，也叫"初始效应""第一印象效应"。人们会自觉不自觉地依据第一印象去评价某人或某物,在以后的交往中也会不断地来验证第一印象。

所以,在现实生活、工作中,利用首因效应可以帮助我们顺利地进行人际交往。

如何才能给对方留下良好的第一印象呢?

心理学的研究证实,第一印象的55%取决于你的外在形象,包括服装、个人面貌、体型、发色等;38%取决于你如何表现自我,包括语气、语调、手势、站姿、动作、坐姿、距离等;7%才是你讲的真正内容。

在你和别人一见面的瞬间,别看你什么还没说,但对方基本上已经对你有了初步的评价。为此,与人初次见面,应对自己的一举一动、一颦一笑多加注意。

我们再接着讲一个故事。

日本前首相田中角荣是个懂得心理学的政治家,他非常善于处理事务,对付各种请愿团,他更是有一手。他有一个习惯,如果接受了某团体的请愿,便不会送客;但如果不接受,就会客客气气地把客人送到门口,而且一一握手道别。

田中角荣这样做的目的是什么呢?是为了让那些没有达到目的的人不埋怨他。结果也如他所愿,那些请愿未得到接受的人,不但没埋怨,反而会因受到他的礼遇而满怀感激地离去。

从心理学角度来讲,田中角荣的做法很有道理,他运用的是"近因效应"。他送客,就是要让客人忘掉原来的失望。

"近因效应"就是指交往中最后一次见面或最后一瞬给人留下的印象,这个印象在对方的脑海中也会存留很长时间,不但鲜明,且能左右整体印象。如果你在与人初次会面的过程中,出现了某种失误,或是表现平平的话,可以在分手之前,做一个良好的表现,以改变对方对你原来的印象。

要注意,我们不能仅强调"首因效应",而对"近因效应"缺乏认识,否则就会出现"虎头蛇尾",导致功亏一篑的事情发生。

## 友好交谈

倾听是人们建立和保持人际关系的一项最基本的沟通技巧,在现实社会中,倾听的作用尤为突出。办公室要弄清楚来访者需要见谁,下属要了解领导的真正意图,任何服务都要了解客户的心理需求……这些都离不开倾听。如今,倾听已被越来越多的公司视为成功管理的必要条件。

倾听的能力是一种艺术,也是一种技巧。倾听是我们获取更多的信息,正确地认识他人的重要途径。古人曰:听君一席话,胜读十年书。一个人总是张嘴说,学到的东西会很有限,了解的真相会很少。如果你乐于倾听,乐意分享别人的信息与情感,别人也会乐意给出建议,你会学到很多发现问题和解决问题的新方法。

通常情况下,我们在听音乐或看电视时,聚精会神、全心投入,于是便不知不觉地记住了歌词或节目内容。可我们和家人说话时,会一边想着心事一边问:"你刚才说什么啦?我没听明白,你再说一遍。"

人们的倾听不足,远远超出我们的想象。在一次家庭聚会上,家庭主妇想看看到底多少人能做到用心倾听,在上蛋糕时,她对那些正谈论得热火朝天的客人们说:"蛋糕来了,我在里面加了点砒霜,你们尝尝好不好吃。"居然没有一位客人提出反驳,还连夸好吃!

这说明什么?在生活中有太多的因素阻碍了我们的倾听:倾听者的注意力不集中;倾听者打断说话者;倾听者缺乏自信;倾听者过于关注细节;倾听者任由自己分心;倾听者心存偏见;倾听者不重视信息,等等。说明:一个人倾听效果的好坏,不在于倾听能力的高低,而在于其用心程度!

用心倾听吧!在你了解信息的同时,你表达给对方的心理感受是:"我关心你,关心你的遭遇,你的生活和经历是很重要的。"

当你有效地倾听后,你也要恰当地表达。

## 第三篇 人际和谐

每一个人性格不同,表达方式不同,理解的信息不同,接受问题的方式也不同。无论从事什么工作,你都需要掌握一定的表达技巧。能与不同对象,在不同场合侃侃而谈,这是很多人所向往的。

懂得说话技巧者,掌控事情;掌握说话技巧者,影响他人。卡耐基曾经说过,一个人的成功,约有15%取决于知识和技能,85%取决于沟通的能力,即发表自己意见的能力和激发他人热忱的能力。的确,善于沟通的人,往往令人尊敬、受人爱戴、得人拥护。

人的一生中,不是在影响别人,就是在受别人影响中度过。只要有人,就会有影响力发生。但,是你影响别人?还是别人影响你?那要看你的影响力修炼得如何了。

先给大家讲个故事,来说明一般情况下人们会受什么影响。

陈阿土是台湾的农民,从来没有出过远门,有一年收成很好,他卖了粮食换了钱,报名参加一个旅游团出了国。国外的一切都是非常新鲜的,关键是,陈阿土参加的是豪华旅游团,一个人住一个房间,这让他新奇不已。

早晨,服务生敲门来送早餐,并大声说道:"Good morning, sir!"

陈阿土愣住了,心想这是什么意思呢?在自己的家乡,一般人见面都问"吃了吗?"他端着早餐,肯定不是问这个啦!他想到家乡中陌生人见面都会问:"您贵姓?"于是陈阿土大声叫道,"我叫陈阿土!"

连着两天,都是同一个服务生敲门来送早餐,每天都大声说:"Good morning, sir!"而陈阿土亦大声回道:"我叫陈阿土!"

陈阿土慢慢开始不高兴了:这个服务生也太笨了,天天问自己叫什么,告诉他又记不住;都说国外服务一流,一两天就能记住客人的喜好,我明明参加豪华旅行啊,怎么住了个高级旅馆,服务生还记不住客人是谁?他很纳闷。

第三天早上,还是这个服务生敲门,进来还是这句话,他更生气了:

看来我被骗了,这不是什么豪华旅游,也不是什么高级宾馆!想到自己被欺骗,他就没好气地大声回答:"我叫陈阿土!"

服务员慌慌张张放下早餐走了。

出发的路上,他开始质问导游:"你是不是在骗我?这根本不是豪华旅游!"

导游很纳闷,连声询问到底发生了什么,看能否用什么方法给予补救。

"我都告诉服务生三天了,他还记不住我是谁!"

导游详细了解了事情经过后告诉他:"您弄错了,服务生是在问您早上好!"

"天啊!真是丢脸死了!那我应该怎么回答呢?"导游说:"重复服务生的话就行了。"

误会解除了,接下来的时间陈阿土开始反复练习:"Good morning, sir!"以便能体面地应对服务生。

第四天早晨,服务生照常来敲门,这回还没等服务生张口,陈阿土就大声叫道:"Good morning, sir!"

与此同时,服务生回答了一句:"我叫陈阿土!"

这个故事告诉我们,每一个人跟别人相处的时候,都会自觉不自觉地衡量对方对自己的亲善程度。

表达亲善程度,可以通过声音来实现。这有一个沟通心理学的原理:在面对面沟通中,影响沟通效果的决定因素有三个:外表形象、声音、内容。有意思的是研究发现它们对效果的影响度分别是55%、38%、7%,也就是说,当一个人外表被接受时,说话的声音(语调、语速、声音高低、柔和与否)决定了能否被别人接受,而说话的内容处于很次要的地位,我们常说"说什么不重要,怎么说才重要"就是这个意思。

如果陈阿土不发火,这个服务生每天依然还会那样问好,结果客人发火了,服务生会根据亲善原则进行调整,所以在陈阿土背了一天的"Good morning, sir"的同时，服务生也练习了"我叫陈阿土"。

表达亲善程度，还可以通过声音来实现。

声音是一面镜子，声音可以表现自我，提高影响力。因为声音而喜欢某个人，因为声音而讨厌某个人，这样的感受可能每个人都有。

人际沟通专家说：声音是一个人的"有声自我"，在人们的互动中传递着三分之一的信息。声音像一面镜子，它能传递出人们许多潜在的信息，直接影响沟通效果。

据说美国一位女演员用悲伤语调念26个英语字母，竟使听众落泪；而一个波兰喜剧演员用另一种语调念同样的26个字母，却把听众引得哄堂大笑。

与人沟通，必须重视声音的表现力，一方面辨别别人的声音，了解别人的心情；另一方面，要善于发挥声音的作用，用声音表现自我。

## 增进友谊

与人交往是一种复杂的技能，增进友谊的方式也多种多样，多了解、多学习、多体会、多练习，将有利于营造良好的人际关系。

### 1. 求同——增进友谊的起点

通常，人们喜欢和自己有共同之处的人交往，这就是我们提到的人际吸引的相似性原则。想想看，经过一段时间的交流，你忽然发现对方有和自己相同的境遇，你该有多兴奋！心理学观点是，和自己共同之处越多，就越容易相互理解，相互交往也就越容易。不是都在说"老乡见老乡，两眼泪汪汪"吗？性格相似的人更容易成为好朋友，而观点、态度、思想、见地、情感经历等相同或相似都可以促进人际间的交往。

因此，要想有效建立和培植友情，一定要善于寻找和创造相互间的共同点。当然，找共同点并非我们的目的，在交往中找到的共同点要说出来，要让对方知道，别闷在心里，特别是共同的经历、体验、观点、感受等。

大多数场合下，我们都可以说："我们有共同的……"这样可以很有效地拉近彼此的心理距离，增加交流的内容和素材，增进友谊。

我们现在能理解了吧？为什么我们看见"宝石花"那么亲切！为什么我们说"天下石油一家人"就那么温暖——相似性原理。

**2. 赞美——人际关系的润滑剂**

在物质生活问题解决后，人类最渴望的就是精神上的满足：被了解、肯定、赏识和赞美。"没有人穷，以至于给不出一句赞美；没有人富，以至于不需要一个赏识。"我们都需要美丽的谎言。当人被奉承的时候，就会忍受很多平时不能忍受的事情。

试想一下，有一项非常让人头疼的工作，谁也不想去做，这时，你被领导找去了。领导跟你说：我思来想去，这项工作交给你最合适，你有魄力、肯吃苦、善于动脑筋，还有很好的人缘，再没有人具备你这些优点了，这件事交给你做让我放心！这时的你是什么状态？打掉牙往肚子里咽也会接受这项工作吧？而且还做得更好！——鼓励、赞美会培养自信，促进发展。

赞美的关键是适时、恰当、真诚。适时就是要抓住时机，只要我们注意观察，就可以发现一个人在什么时候是最希望得到肯定的。恰当，就是要在一定程度上实事求是。

因此，增进友谊的另一个关键是：学会欣赏、善于称赞。

**3. 意译——表达理解的妙方**

每个人都渴望被别人关注，每个人都希望能被理解，但通常这种小小的心理需求却很难得到满足，因为中国人不像西方人那样善于表达。

而很多时候，我们理解我们的朋友，却不知道该如何表达这种理解。在我走访的过程中，很多人都向我提到有这样的困惑。在交流时，有些人要么点点头，要么"哼""哈""嗯"几句，年轻人可倒好，直接一个表情符号发过来了，弄得双方都很纳闷："他到底明白不明白我的意思呢？""他这是想说什么呢?"

我去乍得现场时认识了一位随队医生小钱。因为海外员工的心理困惑有即时性、多样性的特点,而我不可能在乍得停留很长时间,他也不可能一下子了解所有心理学知识,就互留了QQ号,商定有问题可以随时探讨,我们也经常在QQ上分析各种困惑的原因及应对办法。

事情就这么凑巧。他准备回国休假了,而我刚好也没有出差安排,就约定他回国时我到机场迎接他。前两天,他告诉了我航班号,同时还附带了这样一句话:我的手机借给同事了,联系不方便……我查询好了航班时间,再看这句话,怎么也觉得是话里有话:"什么意思呢?同事没有手机?托词吧?不方便见我?不愿意见我?"我再QQ问询回去时就没有了回音,我也就真这样理解了。第二天下午,我接到一个陌生电话——小钱!用别人的手机打来的,他刚下飞机,在首都机场。我一下子懵了,这多不好啊,我没有去接他!我赶快调车时院里的车不是限号不能跑就是没在家,我真是懊恼死了——我的理解是错的!

几经周折终于还是见到小钱了,我们俩就这个信息进行了交流,原来,他的手机真的给了同事,他是在上飞机之前用手机给我的QQ留了言,而我有意译错误,双方没有机会就准确含义做进一步的沟通!

有的时候还有这样的情况,还没等对方说完我们就急于评论和提出劝告了,这又是一种意译的错误!在交往中,很多时候其实对方并不需要你出主意,而更多的是希望你能理解他的感受、他的心情、他的处境,也就是说,他需要的仅仅是你的关心和理解而已。这时候你该怎么做呢?准确意译并给予反馈!

你可以看着对方说:"噢!我懂你的意思了。""啊!真是这样哎!""嗯!我也有同感呐!"这种方法可以很好地满足对方渴望被关注、被理解这一需要,你如果熟练运用,就拥有了获得别人好感的交际"撒手锏"——善解人意。

### 尊重他人的空间圈

看上去好像和前面讲的三个技巧不属于同一类问题,但如果你不知道,前面三点做得再好,这一点不注意也会导致你出现败笔。

两个不同地域的人交往常常会出现这样有趣的现象:一个美国人和一个阿拉伯人一起谈话,美国人边说边往后退,而阿拉伯人边说边往前走,当他们聊完了以后,发现他们离刚才碰面的地方移动了很远。这是因为,美国人与人交往的时候需要保留一定的距离,他们认为这样才比较有礼貌;相反,阿拉伯人往往喜欢与对方拉近距离,这样才叫有礼貌。

每个人在心理上都需要一个最小空间范围作为身体缓冲区域来保护个人环境免受社会侵害,这个空间范围是一个围绕在身体周围、看不见的心理学上的概念。

一般来说,根据关系的远近,这个空间范围有所不同。私人距离在0.5米之内,也称为"亲密距离",仅适用于家人、恋人与至交;0.5~1米为交际距离,也称为"常规距离",用于握手、面对面交谈等一般性的交际应酬;礼仪距离是1.5~4米,也称"敬人距离",用于会议、演讲、庆典、仪式及接见;4米以外是公共距离,又称为"有距离的距离",用于在公共场所同陌生人相处。如果没有特殊的环境限制,比如飞机上、火车上、公交车上等,在交往中你要注意尊重交往对象在空间上的需求,不能盲目冒进地过分侵入对方空间,这样会给对方造成压力,反而破坏人际关系。

## 第三篇 人际和谐

**趣味测试**

## 与人交往你设防吗

你利用休假的时候,一个人到外地一座很有名的高山去旅行。结果当你在森林里散步的时候,看到像极光一样闪闪发亮的光芒,光芒所在之处是第三空间的入口处。在那一瞬间,你被吸进这个异次元的缝隙中,然后被扭曲的空间捆住了,怎么办?因为这次你是一个人到外地去玩,所以家里没有人知道你人在这里,连你最亲密的朋友也不知道……你的内心开始充满恐惧,设身处地想一想,那个扭曲的空间有多大呢?

A. 非常狭窄,连转身都无法转

B. 有足以让自己转动身体的空间

C. 它的宽度可以让自己轻松通过

D. 里面的空间非常宽广

**结果分析**

选择 A:毫无防备型。

你的内心没有防卫的警戒线,很容易相信别人,不管跟谁都可以打成一片,这或许可以算是一种优点,但这样的你很容易被骗,就算不喜欢怀疑别人,也要跟对方保持适当的距离。

选择 B:过度正直型。

像你这种类型的人个性非常爽朗,会把自己的一切毫不保留地表现出来,而这正是你的优点所在,不过,如果说话太直的话,很可能会被朋友当成一个"不会看场合说话的笨蛋"。

选择 C:小心翼翼型。

这种人即使在恋人或朋友面前也不会打开心扉，个性非常神秘，但却自认为个性非常开放，因此别人经常会觉得"真不知道他在想什么"，这样的你可以说有些孤僻，要多注意。

选择D：过分警戒型。

你是否一直把自己关在象牙塔里面？你希望爱情、友谊与机会能够降临自己身上，这样的你会对许多事情抱着希望。如果凡事不主动些，就很容易因为个性孤僻而被大家误会。

## 第三节
## 沟通的障碍与误区在哪儿

我们已经谈到了很多沟通技巧，现在反过来谈一下沟通的概念，如果这个基本概念没弄清楚，很可能还是会在沟通上出现问题。

什么叫沟通呢？不见得所有人都能把它描述准确。简单地说，沟通就是传递信息、达成共识，交流情感。

什么是沟通障碍呢？

就是信息没传递出去，或传递出去了别人没理解，或理解了但不全面或不准确甚至误解，等等，反正是"沟"而没"通"。

在人们沟通信息的过程中，常常会受到各种因素的影响和干扰，使沟通受到阻碍。有可能这个障碍是发送者造成的，也可能是接受者的问题，或者是信息传播通道的障碍，甚至几种因素掺杂，相互影响。

在沟通过程中，信息发送者的情绪、倾向、个人感受、表达能力、判断力等都会对信息的传递结果产生影响。

"指鹿为马""词不达意""对牛弹琴"等都是在说信息发送有问题。

还有以下一个例子。

"我恨你!"看着这几个字,你大概只理解了字面意思,而感觉不到程度的轻重;假如一个人站在你面前,攥着拳头,咬着牙说这句话,你是否就能理解其中的一些情绪了?那么现在我们借用电视情景中的一个镜头:一个年轻漂亮的姑娘,坐在一个潇洒的小伙子身边,娇嗔地用小拳头敲打着小伙子,嘴里说:"我恨你,我恨你!"请问,你体会到了什么?恨吗?不对!她爱死他了!

从信息接受者的角度看,也会有几个方面影响信息沟通的效果。比如我们上面的例子,如果小伙子不懂这是女孩子的撒娇、耍赖,可能就会出现相反的理解,也许真就急了!如果他没看见姑娘的表情也会理解不准确。

所以接受者对信息的解释、对信息的筛选及对信息的承受力都影响沟通的效果。说什么,怎么说,会影响沟通;同样,听见什么,怎么理解,也会影响沟通。

另外,沟通通道的问题也会影响到沟通的效果,会出现沟通的误区。

## 常见的沟通误区

什么叫沟通的误区呢?我也没有找到准确的字面解释,大体是说,虽然沟通双方都很认真,都希望达成共识,但因为沟通的频道不同或者误解仍然导致"沟"而没"通"。

误区之一:认为别人所知道的跟自己一样多。

我们职工医院里这种情形屡见不鲜,虽然各医院都在强调要履行告知义务,要与患者和家属交流病情、沟通诊断和治疗方案,但往往医生很认真地交代病情,家属很认真地了解病情,最后发生纠纷时,分析原因仍然和沟通不足有关。奇怪了!不是都交代了吗?

问题就出在以为自己知道的,别人也知道。医生容易用专业术语去谈论病情，病人及家属习惯用自己的知识来理解医生所说，难免会出现"风马牛不相及"的效果，尽管医患双方都很认真。

我们系统内的一个单位，从经理、部门长，到普通员工都很努力，工作也很有成就，但近一段时间来发现大家自上而下都很有压力。有一次，上级领导要来视察，经理就在全公司内做总动员，要求大家把做出来的优异成绩汇报给领导，尤其是要把亮点、优势、成绩展示出来。部门长们摩拳擦掌，个个都憋足了劲，加班加点赶材料，但是做一遍经理不满意，再做一遍经理还是不满意，最后经理自己加班把材料总结出来了，当然拿出来的材料和部门长们的侧重点不一样。他们问我，我们那么努力加班加点，但怎么做都不对，问题出在哪儿呢？

大家分析一下，这是否存在有沟通不良的情况？如果经理把自己掌握的亮点、优势、成绩和大家讨论一下；如果各部门长在知道自己的汇报材料得不到经理的满意时去主动询问一下经理，那是否就明晰了方向、减少了很多不必要的加班？

当然，如果是经理想开动大家脑筋、集思广益，那就是另外一回事了。

误区之二：在沟通方式中忽略了最有效的方式。

互联网及相关技术的发展，使无纸化办公等应运而生，大大提高了工作效率。有什么通知，OA上就发了；有什么报告，电子邮件里传了。电子商务的开发，给人的生活带来方便，哪儿都不用去，网络上轻轻一点，东西直接送到家了。真的是快捷、高效！

随着快捷和高效而来的是面对面沟通的减少。面对面的沟通不光能交流信息，还能交流情感。人们说的"人走茶凉"，从心理学角度讲是因为有了距离所以产生了疏离。

我们在建党九十周年之际，大家一起唱红歌，共庆党的生日，有着很深的心理学意义：重建信仰、统一思想、缓解压力、联络感情……是不是红歌都比赛完很多天了，大家回想起来还是那么兴致盎然？！

第三篇 人际和谐

另外，经过行为科学家的研究，面对面沟通时，三大要素影响沟通效果。各自的比率是：文字7%，声音38%，肢体语言55%。

因此，不在于说什么，而在于怎么说。

误区之三：沟通行为不全。

沟通，不是简单的我说你听，或者你说我听，还包括了反馈这个环节，如果缺了这个环节，沟通也会出现五花八门的结果。

你不信吗？我们做个小实验看看！

你可以在家里或在单位找几个人，让他们每人手中拿一张纸，闭上双眼，听你的口令来做折纸游戏。先约法三章：不许睁眼看别人的操作、不许说话讨论、不许提问题。好！开始。

"请把这张纸对折——请第二次对折——请第三次对折——请撕掉一个右上角——翻转180度再撕掉一个右上角！"

当全部都做完后，请大家睁开双眼，打开自己的作品看看，一定是有许多种折法、许多种撕法，作品五花八门，也许有几个人就能出几个样。

怎么回事呢？这就是在沟通中，光有说、听是不够的，必须有反馈，检验说出来的与听到的是否一致，如不一致再调整，这样才能达成共识。

所以，如果你是领导，你交代给员工一个任务：你去做这件事，要把它做好啊！如果员工仅回答：好嘞！就认真去做了，你就一定要有所准备：他工作的效果不一定是你要求的那样。原因就是没有进行反馈，两人的理解可能会有差异。

误区之四：单向传递信息。

是否看到过电视综艺节目里常有这样的"传话"游戏？一句话，经过几个被隔离开的人传到最后一个时，大家听到的是完全风马牛不相及的另一句话！

为什么呢？我们一直在强调，每个人的理解、表达等在沟通中都存在差异，在传递信息的过程中，又或多或少进行了加工，到最后的结果就是综艺节目中大家看到的结果。

当沟通渠道过长、组织机构庞大、内部层次多时，从最高层传递信息到最低层，从低层汇总情况到最高层，容易使信息损失较大，出现信息折扣、信息繁衍、信息扭曲等结果。

误区之五：未注意获得信息的偏好。

有一家公司要上一个新项目，找谁做策划呢？经理想来想去，找来一个有多年工作经验、很有责任心也很好学的员工，告诉他，这个新项目对于公司的发展至关重要，希望能够好好策划。

这名员工决心不辜负领导的信任，回去收集了很多相关信息，查了很多资料，认真细致地做好了这份策划书，拿给经理审阅。经理简单地翻了一下，说：写得不错嘛！再完善一下就更好了！员工受到了鼓舞，回来进行了修改。当再拿给经理看时，经理还是说：啊！小伙子有进步，再完善一下吧！小伙子又拿回来完善。反反复复几个来回，这名员工摸不着头脑了：我这个策划案，从如何启动这个项目，到如何实施，运行中可能会出现什么情况，出现了这些情况我们的应对预案是什么，确实比较全面了，领导到底对哪儿不满意呢？他百思不得其解，就斗胆拿起策划案找到经理说：请您给我10分钟，我简要地向您汇报一下这个策划案，您指点一下我从哪个环节下手再完善一下。员工用了10分钟左右的时间把这个项目怎么启动、怎么实施、实施中可能出现的问题及应对方法简要地进行了汇报，领导喜笑颜开："小伙子，我没有看错你！策划得不错！方案交给我，上会讨论通过后就交由你实施！"

小伙子回来的路上，哭的心都有啊——他交给领导的就是第一次那个方案。谁的错？谁都没有错！沟通渠道出了错！

神经语言学的研究发现：人们通过视、听、味、嗅、触这五种外感官来收集外界的资料，而大脑会使用三种内感官对这些资料加以运用和处理。这三种内感官分别是内视觉、内听觉、内感觉。

第三篇 人际和谐

在成长过程中，每个人都不自觉地偏爱使用一种或者两种内感官。这就是我想通过这个例子告诉大家不要忽视的一个情形。人们获得信息有不同的偏好类型：视觉型、听觉型及感觉型。

刚才那位经理获取信息偏好的类型是哪一类？是听觉型！

在工作中，如果你习惯于把工作埋头做好，三言两语简明扼要地把自己的工作向领导汇报，那你显然是视觉型的人。如果不巧你的上司是一个听觉型的人，那他往往会对下属做出的事情视而不见，却很在乎下属都向他汇报了什么。如果你了解了这些差异，并且采用恰当的方式来与对方磨合，就会对人际关系产生很大帮助，同时又会提升工作效率。

视觉型的人行动快捷，能同时兼顾几件事，多用色彩图画和照片而少用文字，说话简短，开门见山，要求环境清洁、整齐、着装舒服、颜色协调等。交流中不仅在听，更多的是看，从说话者的表情和肢体语言中获取更多的信息。

听觉型的人对声音敏感，说话多，说话内容详尽，绘声绘色。常喜欢听音乐，新出一首歌，几天就能学会主旋律。常有富于节奏感的身体语言。在集会或课堂上只要能听清楚演讲者或教师的声音，即使离得很远，看不到说话者本人也没关系，照样能理解吸收。

感觉型的人举止稳重、动作缓慢、不在乎好看或好听，重视人际关系，喜欢被人关怀和尊重，注重感受。什么事必须参与进去才会有体验，不在乎好看和好听，而重视意义与价值。

如果你想向视觉型的人传达信息，你就要做好规范、漂亮的文案；如果你想向听觉型的人传达信息，就可以多向他做口头汇报；如果要与感觉型的人打交道，那可能要"路遥知马力，日久见人心"了。

## 是什么阻碍了我们有效沟通

我们再来总结一下，一个人与别人沟通的关键，在于这个人能否让别人了解自己的想法、感觉和需要，同时也在于是否能接收到别人想要表达的这些东西，所以沟通虽然包罗万象，但都是人们为了要达到这两个目的而进行的。

信息从一个人传递到另一个人的过程中会受到个人、人际间、环境等各种因素的干扰，这些干扰形成了我们在发送和接受信息时的过滤器，导致我们未能达到有效沟通。

**扭曲**：人的本能会透过改动外界事物的某些信息，令体验切合自己的观点和角度，如：加大或减少、淡化或浓抹、夸张至令事情变形、更改事情的先后次序、无中生有等。在艺术创作中会常使用扭曲的形式，有意地诱导别人的体验效果。

**删减**：是语言表达的必然，就是当我们表达或聆听时，不可能将整个体验的所有细节都说出来，或根据自己的需要喜好把不喜欢的信息都删减了，而听者也存在这种可能。当过分地删减时，则会产生错误的理解。

**一般化**：就是将单一事例代表整个组群。一般化常用来寻找规律。但在下面这种情况是危险的：将不寻常的或无代表性的事例一般化，而期望将来情况也这样，如"守株待兔"。我们在某一刻正确地将事例一般化，却忽略了凡事总有例外，因此封闭了其他的可能性。

### 小阅读

猫到林中捕鸟，遇到了一只关系不错的麻雀，麻雀问："亲爱的猫大哥，你到哪里去啊？"

"我去林子里捕鸟。"猫答道。

"啊，猫大哥，千万别伤害我的孩子。"

"你的孩子长得什么样啊？这可得让我知道。"

"我的孩子啊，长得最漂亮。"

"知道了。"猫认真地回答，麻雀放心地飞走了。

猫在林子里找来找去，鸟巢里尽是一些美丽的小鸟，猫都担心是麻雀的孩子而不敢下手。终于，他发现了一群长得非常"难看"的小鸟，于是猫放心地饱餐了一顿。

猫回家的路上，又碰到了麻雀。猫说："你放心吧，我吃的是最丑的鸟。"

麻雀回家一看，她的"漂亮"的孩子一个都不见了，窝里还有几根猫的胡须。

我们能否分析一下：猫和麻雀的沟通存在什么问题？

## 第四节
## 你能简单快速判断他人的心理特征吗

每个员工都不同于其他人，拥有各自的心理特征，这些特征包括气质类型、性格特点、认知方式、行为风格、应对方式、需求层次等，就这些心理特征，你如果排矩阵，能排出多少种组合出来？所以员工的特性五花八门，每一个人都有自己的个性，你找不出完全一样的员工来。

如果你对自己领导的员工的心理特征有所了解，你再掌握一些人际沟通的技巧，你的影响力、亲和力将大幅提高！

学习一些简要地了解员工的心理学知识是十分必要的。

### 1. 气质类型

典型的气质类型有四种：多血质、胆汁质、黏液质和抑郁质。各类型典型的心理特点如下：

多血质：活泼好动，善于交际；思维敏捷；容易接受新鲜事物；情绪情感容易产生也容易变化和消失，容易外露；体验不深刻。能对事业心向神往，能迅速地把握新事物，会表现出巨大的积极性。但情感易变，如果事业上不顺利，热情可能消失，其速度与投身事业一样迅速。

胆汁质：坦率热情；精力旺盛，容易冲动；脾气暴躁；思维敏捷；但准确性差；情感外露，但持续时间不长。在克服困难上有不可遏止和坚韧不拔的劲头，而不善于考虑是否能做到；性急，易爆发而不能自制。

黏液质：稳重，考虑问题全面；安静，沉默，善于克制自己；善于忍耐。不易发脾气，情绪不易外露；注意力稳定而不容易转移，外部动作少而缓慢。这种人可长时间坚持不懈，有条不紊地从事自己的工作，但也表现出固定性有余，而灵活性不足的特点。

抑郁质：有较强的感受能力，易动感情，对问题感受和体验深刻，对外部环境变化敏感，能观察到别人不容易察觉到的细节；情绪体验的方式多为负性的持久；情绪不容易表露；反应迟缓但是深刻；准确性高。

了解了上述气质类型，无论在工作中，还是在家庭生活中，就会看出谁适合去攻难关，谁适合去管安全，谁适合去……

### 2. 性格特点

常常听到有人评价别人说"这个人性格不好""那个人个性不行"等。其实心理学评价人格（个性）类型没有好与坏，而是用各种维度来进行衡量。比如说是内向的，还是外向的；是乐群的，还是喜欢独处的；是情绪稳定性高，还是稳定性低；是好强固执，还是谦虚顺从；是轻松兴奋，还是严肃审慎……每个人的人格都是由个人的需要、动机、兴趣、信仰、气质、性格、能力和自我意识系统组成的，所以就有不同人格类型。

最重要的是我们要了解每一个人格维度都有各自的优点和不足：内向有内向优势，外向有外向的成功。每一个领导者和员工都应该至少粗浅地了解自己和他人的人格特点，在不影响团队利益、不影响他人利益的情况下，把自己的个性发挥出来，并激励员工发挥潜能。

### 3. 认知方式

所谓认知，就是说人对事、对物的看法和评价。

心理学者让两个孩子看同一幅画，然后用这幅画讲故事，为的是判断孩子的思维有无差异。图画中有一台餐桌，桌上摆着一只空盘子，桌旁坐着一只围着饭兜儿的小白兔，在那儿哭，它旁边站着兔妈妈，面无表情。

第一个孩子说：这幅画是说小白兔把盘子里的东西吃没了，但没吃饱，问妈妈要，妈妈又没有了，所以伤心地哭。另一个孩子马上反驳：你说得不对，小白兔吃完了盘子里的东西要出去玩，它妈妈不让，所以它才在那儿哭！

你看，同样一幅画，两个孩子的看法都能有这么大的差异，更何况成人呢？

每个人的认知模式都包含了感知、记忆、思维、理解、判断等心理过程，会受到自己的经验、体验、能力、情感、个性特征等因素影响而产生差异；同时还会因受教育背景、工作经历、成长环境等不同而不同。

人们都有处在什么样的环境就习惯以什么样的角度看问题的倾向。常言道："不在其位不谋其政。""不是个中人不知个中滋味。"都是强调环境会造就人这一观点。

### 4. 行为风格

每一个人在行为过程中因情感性、果断性不同，表现出来的行为风格也不尽相同。我们把这种风格分为四种类型，分别是结果型、分析型、表现型和顺从型。比如，同样分配一项工作，结果型模式的员工，对问题当机立断："好！要求我干什么我就好好干！"直截了当就工作去了。分析型模式的员工，就考虑出现了什么问题："为什么把这个工作交给我而不交给其他人干呢？是什么意思呢？"他很敏感、纠结。表现型模式的员工对问题高谈阔论："这个活儿这样干比较好，这个工作从哪儿下手更容易……"他就是不明确这个活儿他干还是不干。顺从型模式的员工比较简单，考虑如何达到目标："你让我做这个工作，我就做好了。"但这种类型的特点是，说做1，他绝不做到2，甚至都不做到1.1。

**5. 应对方式**

人们在应对生活和工作中的挫折、困惑和难题时，会因自己的个性、气质类型、思维习惯、文化水平、个人能力、过去的社会经验等不同而下意识采取不同的应对方式：激怒型应对模式（愤怒向内、愤怒向外）、回避和退行型应对模式（退缩）、主动认知和转换行为应对模式（升华）等。

打个比方：某个员工刚上班就被领导叫了过去，劈头盖脸教训了一顿，一般人的反应会很生气。假定这个人是激怒型应对模式，会有两种途径：一种愤怒向外，冲着领导也叫嚷开了，甚至给领导拍桌子；还有一种是愤怒向内，委屈只好强忍着，也许这一天都不会快乐。如果这个人是回避或退行应对呢？回去不干了！也有人会采取主动认知和转化行为：领导批评了，不管怎样都是对咱好，可能是哪个环节出问题了或者没有沟通好造成误解了，赶快找找原因，予以解决。

成熟的应对模式应是做事情可以不成功，但是不能不成长。要"吃一堑长一智"。我经常在讲课中给大家强调，如果能别人吃堑我们长智，那才是真正的聪明人。HSE管理体系中，哪项原则、哪条禁令不是用血的教训换来的？如果成长，就要吃堑，就不应该再犯同样的错误！

**6. 需要层次**

美国著名心理学家马斯洛研究出需要层次理论，我们在情绪管理篇中将重点讨论，在此仅简单介绍。他认为人的需要或动机可以分为五个层次，即生理需要、安全需要、爱的需要、尊重需要和自我实现的需要，是一个由低到高（从生理需要到自我实现需要）逐级形成和实现的过程。生活在不同社会文化背景下，处于不同社会历史地位的人们，需要是不尽相同的，有些甚至是对立的，就是说，身边与你打交道的每一个人，此时此地此景，

需要各不相同,要加以分析和辨识。要想为好人、处好事,不分辨人的不同层次需要,大概效果也会大打折扣。

当你分辨清楚对方的需要,在力所能及的情况下满足一下、帮助一下,那就是"雪中送炭",会快速拉近你与对方的人际距离。同时,心理学研究还发现,给予比接受更能给人带来快乐,喜欢帮助别人的人,会从被帮助者的快乐中找到自己的快乐。

为人处世、人际交往、有效沟通等,都需要通过自己的修炼才能提高!

趣味测试

## 你的交际弱点在哪里

每个人的性格爱好都是不尽相同的,这就决定了每个人的处事方式中总有别人不习惯或者无法忍受的一面。在人际交往中,每个人都有自己的交际弱点,但是并不是每个人都能了解自己的弱点,这就为我们的人际交往造成了一定的障碍。

你了解自己的交际弱点在哪里吗?怎样才能找到自己的交际弱点呢?从你不习惯或是无法忍受别人的处事方式中就可以窥视你的交际弱点,一起来看看吧!

你在学校度过的时间里,特别是那段心理上极度叛逆的时期,你觉得老师身上最不能让你忍受的是什么?

A. 情绪不稳定,容易"歇斯底里",对学生实行精神压迫

B. 专制,不听取学生的意见

C. 不公平,偏袒所谓的好学生

D. 对学生使用暴力

### 结果分析

选A：你不懂得克制自己的情绪。

这个选择其实就是自我缺陷的自然暴露。你一有什么不如意的事就会"歇斯底里"，不是四处大声叫嚷，就是突然大声哭泣……你这种自我表现的方式也许太过幼稚，而且很容易引起别人的情绪疲劳。为了使人际关系更加融洽，你必须对周围的人多一份爱心，同时要注意克制自己的情绪。

选B：你不懂得听取他人建议。

你具有站在阵列前沿将周围人猛推向前的统帅能力，在集体中往往起着决定性的作用。但是你需要有多吸取一些周围人意见的谦虚态度，否则，最终有可能谁也不会再顺从你。你的缺点就是很少听取他人的意见和建议。

选C：你不善于扩大交际圈。

你可能有一些心理恐慌症的表现。你的交际范围容易往纵向深入，但很难横向扩展，你往往把自己讨厌的人彻底排除在外，似乎只愿意与某一些特定的人建立更好的关系，所以，你属于不善扩大交际圈的一类人。你甚至会要求与你关系亲近的友人"不要与不喜欢的人交往"。你应该要懂得博爱的内涵。

选D：你容易伤害到别人。

你这样的处世方式是很危险的。你的缺点是动辄变得粗暴无礼。你的问题不仅表现在行为上，而且语言暴力也很激烈。假如是因为对方态度恶劣导致你正当防御还情有可原，而你却往往是稍不如意就出手或出口伤人。你一定要注意控制自己的情绪，否则你会很容易和不了解你的人发生激烈的矛盾。

第三篇 人际和谐

## / 第五节 /
## 使你获得亲和力的秘籍

在这个世界上，一个人的能力是非常有限的，如果我们要想成功，或者是想让自己做的任何事有所起色，就必须得依靠别人的帮助，因此我们必须要有亲和力。但是在你的人际关系中有亲和力并不是想要就要的，而是需要你用心去经营，用你的人格魅力去吸引别人，更重要的是要拿出你的真诚。当然光靠真诚是不够的，还得有很多的交友技巧需要我们去学习和掌握。

### 秘籍一：善用积极吸引力

你所吸引的人、事、物是"吸引力法则"在作祟。日本一所小学曾做过一个很好玩的实验——米饭实验。

在教室里放三碗米饭，每天孩子上学的时候，对第一碗米饭说："我爱你，你好好吃哦！"第二碗米饭完全没有得到任何关注。第三碗米饭得到的话语是："你丑死了，没人要理你！"

一个月后，第一碗米饭变成黄色，发出酒香味。第二碗米饭变黑变臭，还长出霉菌，见证了无人理睬的悲哀。第三碗米饭稍好一些，变黑变臭，但是至少因为还有人关注，所以情况没有第二碗那么糟。

最终的结论是：我们的话语和意念真的有很大的力量。如果一个人充满快乐、正面的思想，那么好的人、事、物都会和他一起共鸣，而且会被他吸过来。同样的，如果一个人老带着悲观、愤世嫉俗的思想，那么难怪常有倒霉的事发生在他身上了。

## 秘籍二：要有真诚之心

我们在开篇中就已经阐明，影响人际吸引的特质中以真诚排在首位。

随着物质的日益丰富，人与人之间的那种以诚相待的默契在逐渐地丢失。因此，诚信是这个社会所急需的，特别是对于一个想要拓展自己人际关系的人。诚实可以算是第一美德。不能像王熙凤那样，"嘴甜心苦，两面三刀，上头笑着，脚下使绊子。明是一盆火，暗是一把刀，都占全了"。

因此在与人交往时，最重要的是真心诚意，心口如一，说到做到。"己所不欲勿施于人"。也不要把人生当成是一次披着盔甲、戴着面具去"演戏"的舞台。老老实实做事，安安分分做人。在做人坦诚的同时，还要有一些侠骨柔肠，尽自己最大的努力去帮助别人，这样才能使人如沐春风。

## 秘籍三：能够助人为乐

人吃五谷杂粮，难免有三灾八难，也难免有生病难忍的时候，在这个时候，你能善解人意，在人家最困难的时候给予帮助，雪中送炭，急他人所急，伸出自己的援助之手，替人家排忧解难，就是一种友情的润滑剂。能让你和对方的关系在很短时间里有飞速的发展，获得广泛的人缘。

人缘在很多时候，既是一种资源，又是一种依靠，一种无形的力量。我们在研究中已获得的资料表明，在压力管理过程中，朋友是你的后盾，在你困难的时候能给你最及时的帮助，有时这种帮助是家人力所不能及的。因此在处理人际关系时，特别是朋友之间关系的时候，千万不能待人苛刻，更不能使小心眼，贪小便宜，睚眦必报之人最终会得到惩罚。

## 秘籍四：学会包容豁达

笑容可掬的弥勒佛像旁有一副很耐人寻味的对联："大肚能容，容天下难容之事；慈颜常笑，笑世间可笑之人。"

也就是说，要想做一个能让周围的朋友感到舒心的人，那就得有"能撑船"的肚量，容天下难容之事，以一种"天下皆醉，唯我独醒"的姿态笑天下可笑之人。

在现实生活中也是如此，人生的事情不如意者十有八九。而其中的纠葛，千丝万缕，牵丝攀藤，甚至是盘根错节，没人能道明，也没人能说清。这其中掩藏着多少世态百味和甜酸苦辣，只有自己知道。

特别是在与人交往过程中所出现的各种各样的矛盾和误解，使得人与人之间心存芥蒂而产生隔阂，其中的情结，真是让人剪不断、理还乱。因此，以一种超大肚量的姿势来面对这错综复杂的局面，另一种方法则是冤家宜解不宜结——"相逢一笑泯恩仇"，把所有的恩恩怨怨都抛开，让自己的人际关系网有一个新的局面。

## 秘籍五：接近与相似原则

近朱者赤，近墨者黑，多结交一些"人缘好"的朋友。

朋友之间很多都是通过第三者介绍才认识的，交往久了也就成了自己的朋友。鉴于这种现实的因素，我们要想多结交更多的好朋友，就得接近那些"人缘好"的人。因为他的身边，总是不缺乏朋友，你和他走近了，就相当于和他的那些朋友也走近了。久而久之，他的那些朋友也就成了你的朋友，那些朋友的朋友也就慢慢地会向你走近。这是一个良性循环，只要你有心，每天都是一个新的开始。

## 秘籍六：注意行为细节

　　一个人的日常行为在很大程度上能反映一个人的心理，只要我们能仔细观察，就能发现其中的奥妙。如果一个人的行为是很粗鲁的，甚至是有点粗暴，那就说明这个人的脾气比较急躁，做事情可能会急于求成而不顾忌后果。但是这类人有一个优点，就是做人做事坦坦荡荡、光明磊落，绝对不会在背后耍小心眼。

　　如果一个人的行为举止是优雅的，那就基本上是一个有着良好素质和修养的人。这类人比较好面子，并且很有忍耐之心，不轻易暴露自己的真实想法，给人一种稳重的印象。但是有一点也要注意，这类人在很多时候，是以一个城府很深的形象出现的，提防被这类人"穿小鞋"。

　　想拥有亲和力并不是十分容易的，在审查对方的同时，更要懂得自省，凡事多思考，多让步，才能有一个美好的前景。

　　"做个好人，天知地鉴鬼神钦；行些善事，身正心安梦魂稳。"这就是对"积财不如积德"的最好解释。

**趣味测试**

### 测测你受欢迎吗

　　翻开你家的衣橱，不论是冬装、夏装，还是衣服、裤子，乍看之下，你的衣物以什么色系为主呢？

　　A．深暗色系　　B．亮眼色系　　C．柔和色系　　D．粉彩色系

**结果分析**

　　选择A：受欢迎指数60分。你是个很安静的人，喜欢一个人静静思

考事情或是埋头在自己喜欢的书里。"君子之交淡如水"最能说明你的交友状况。

选择 B：受欢迎指数 70 分。在一个新环境里，人家最先认识的人往往就是你，因为你最容易和人打成一片。但是，和你交往的朋友多半是三分钟热度。

选择 C：受欢迎指数 99 分。你的个性开朗、随和，也懂得关心周围的朋友，所以你的人缘指数一级棒！但如果有朋友得罪你，你的反应也是相当情绪化的。

选择 D：受欢迎指数 80 分。大家总是不知不觉就会被你吸引过来，但也正因如此，你常常被宠坏。有时，朋友们苦口婆心的意见会被你丢到一旁。要知道，这样只会让真正关心你的朋友越来越少。

/ 第六节 /
## 现实中诸多的冲突如何处理

人际冲突几乎存在于人与人之间的所有关系之中，上下级之间、同事之间、夫妻之间、亲子之间、婆媳之间，等等。谁都必须接受这样的事实，任何时候只要将两个或两个以上的人放在一起就有产生冲突的可能。

### 什么是冲突

任何关系中的成员在交往过程中产生意见分歧，出现争论、对抗，导致彼此间关系紧张，这种状态就称为冲突。

冲突不一定都产生坏的结果，有些冲突是有效冲突。比如：部门内部的分歧和对抗，如果得以解决就可以形成部门之间相互支持的体系；冲突的暴露恰如提供一个出气孔，让冲突中的人得到机会发泄不满，否则怒气长时间被压抑，最后可能产生极端的反应；俗话说"不打不相识"，有效冲突可以拉进冲突双方的距离，同时增加相互的凝聚力；对于大公司或者大部门之间的冲突，可以促进双方的联合，避免无休止的斗争，一起求生存，达成双赢模式。

如果是有效的冲突，那我们没有必要去避免这个冲突，而是应该增强这种有效冲突的建设性。作为部门经理，有时候也要学会利用冲突的有效性去达到自己管理的目的，要设法激发有效冲突，只有这样才能保证部门的活力、工作的顺畅。

如果冲突妨碍了双方工作的顺利进行或导致生活不快，或者阻碍目标的实现，这就是有害的冲突，必须及时处理。有效冲突处理不好也可能转化成有害冲突。

对于有害冲突，必须想办法予以解决，将冲突的负面影响减少到最低，甚至消除，要想顺利地解决冲突，则要从了解冲突的原因入手。

**评估冲突的原因**

冲突不是在真空中产生的，它的出现总是有理由的。选择解决冲突的方法很大程度上取决于冲突发生的原因。通常情况下，冲突的原因可以分为三种基本类型。

（1）沟通差异导致的冲突。沟通差异是指双方的意见不一致。人们常常轻易认为，大多数的冲突是由于缺乏沟通造成的，但事实上，许多冲突中都伴随着大量的沟通，只是忽略了差异。

有一个错误的认识，就是将良好的沟通与别人同意自己的观点等同起来。乍看一下，几乎所有的冲突似乎都是由于沟通不畅造成的，进一步分析，不一致的意见是由于不同的角色要求、组织目标、人格因素、价值体系，以及其他很多原因造成的。因此，管理者不能过分重视不良的沟通因素而忽视真正的原因。

（2）立场差异导致的冲突。每一个人或者组织都有自己独特的利益和观念，有不同的部门或者利益团体，各自都追求利益最大化时，自然导致整合的困难，是导致冲突的重要原因之一。这种冲突不是个人恩怨造成的，处理起来也很麻烦。

（3）个性特征导致的冲突。一些人的特点导致别人很难与他们合作。个人的背景、教育、培训和经历等因素塑造了每一个人具体而独特的个性特点和价值观，这些人格上的差异也会导致冲突。

## 评估冲突当事人

如果你决定处理特定的冲突，花时间仔细了解当事人是十分重要的。在处理冲突之前要做好详细周到的准备工作，评估冲突当事人的情况，预估和分析产生冲突的原因，然后再选择合适的处理方法。

什么人卷入了冲突？冲突双方各自的基本情况是什么？双方的资源状况如何？如果你能够站在冲突双方的角度，设身处地看待冲突，则可以更深入地理解冲突的实质，处理成功的可能性也会大大提高。

在情绪管理篇中提到寻找情绪原点的方法，对评估当事人、处理冲突也会有所帮助。

## 处理冲突的五种策略

有一句名言："如果准备工作失败了，就准备着失败吧。"可见准备工作的重要性。

我们从是满足对方的需求为主还是满足自己的需求为主，组合了处理冲突的五种策略。

### 1. 暴力策略

只满足自己的需求，不满足对方的需求，这是暴力策略。

暴力策略是以牺牲别人的利益来换取自己的利益，是以权力为中心的，为了实现自己的主张可以动用一切权力，包括职权、说服力和威逼利诱等。暴力策略的特点是对抗的、武断的和挑衅的，为了取胜不惜任何代价。其缺点在于不能从根本上解决冲突，不能令对方心服口服。

采用暴力策略的依据是适者生存的原理，即无论如何我都是对的。

### 2. 迁就策略

只满足对方的需求，不满足自己的需求，这是迁就策略。

迁就策略是把对方的利益放在自己的利益之前，为了维系相互之间的关系，愿意牺牲自我。这种策略往往会受到欢迎，但是同时也被认为是软弱的表现，其特点是宽容，为了合作，不惜牺牲个人目标。采用迁就策略的理由是一件事情不值得冒险去破坏关系或者造成不和谐。

### 3. 回避策略

既不满足自己的需求，也不满足对方的需求，就是回避策略。

回避策略是意识到冲突的存在，但是采取逃避的方法，既不合作也不维护自身的利益，一走了之。

采取回避策略通常能维持暂时的平衡，但是不能从根本上解决问题。回避策略的特点是不合作，不武断，忽略或放过问题，否认问题的存在。采用回避策略的理由是分歧太小或太大，难以解决；解决分歧也许会破坏关系或者产生更严重的问题。

### 4. 协作策略

既要满足自己的需求又要满足对方的需求，则是协作策略。

协作策略就是双方互惠互利，是一个双赢的策略。这种策略通常非常受欢迎，但是它的缺点是耗时长，而且不适用于解决思想方面的冲突。

协作策略的特点是双方互相支持、互相尊重、合作解决问题。采用协作策略的理由是双方的需要都是合理的、重要的，公开坦诚地讨论就能找到互惠的解决方案。

**5. 妥协策略**

如果两方面都取中，一部分满足自己，一部分也满足对方，就是妥协策略。

妥协策略就是双方各让一步，不能追寻十全十美，但是有总比没有强，所以双方都放弃某些东西，共同分享利益。这种策略比较适用于非原则性的问题。妥协策略的特点是没有明显的输家和赢家，达到中等程度的合作。

## 几种特殊情形的处理技巧

### （一）处理投诉的技巧

掌握一个原则：一定要先接受心情，再处理事情。接到投诉就直接处理只能让事情变得更糟！投诉是一种特殊类型的冲突。

我在医院曾经当过一段时间门诊部主任，接待门诊投诉也是职责之一。有时候，会接到这样的投诉：病人或家属一开始是去找主任投诉科内大夫的，结果主任没有解决问题，就将主任和科内大夫一起投诉到"上级部门"来！我了解到，但凡这类情况，大致都与科主任处理投诉的技巧不当有关，就是没有先接受心情就直接去处理事情了。

先接受心情，就是要先运用同理心的原理，站在投诉者的角度设身处地地理解他的心情，再把这种理解表达出来。

接待投诉的关键是安抚脾气暴躁的人，没有人高高兴兴来找你投诉的。

比如，我们可以理解对方的感受：我看得出来你很生气！你当然要发火了！如果我是你，我比你还生气！我们还可以摆出事实：你加班那么辛苦不就是为这个项目吗？这么忙的活儿别人还不帮你一把！小孩现在还不在身边呐！你来看病不就是为解除病痛的吗？

你看，诸如此类的表达其实是在分享他的感受，但是并没有同意他的行为。

在接待时，要理解投诉者的想法和情绪。如果他们当时情绪非常激动，不要强行压制其宣泄，而是要给人们时间把火气全放出来，静静地等待他们安静下来，之后用试探性的问题找到冲突的根源，然后给予他们支持性的语言，确认问题所在，共同探讨解决冲突的方法。

我个人认为，投诉本质上也是一种求助行为，是因为自己的现实需要未被满足，转而心理需要又遭到挫败后产生了愤怒情绪。

要想得到令自己满意的结果，先要让对方获得某种满足。可以对他说："我先听你的意见，之后，你也要耐心听我说话。"

你要学会倾听，先尽可能地少说话，给投诉者诉说的机会，当他发泄完了，情绪平稳了，你也清楚了对方的想法，理解了对方的愿望与需求，你同时也就知道如何才能满足他了。

接待刚才提到的投诉时，我一般会请他坐下，递给他一杯水，听他抱怨、指责、批判，我认真地倾听对方，让对方释放不满情绪。其实仅做了简单的解释，问题就解决了。因为这类的情况多数与解释不足有关。

我发现越和气、越接受对方的情绪，对方也就越能理解你的想法，接受你的解释。如果一上来就说："卫生部的规章制度就是这样定的！"估计谁都得发火。

## (二) 批评的技巧

批评比赞美更需要技巧，大部分时候，最好还是不要轻易批评别人，当你实在无法说出赞美的话的时候，你可以不说话，但尽量不要说批评的话。

为了帮助对方，你不得不采用批评的方式时，也最好采取间接方式。

当一个员工的业绩不好，作为上司的你该如何对他进行批评呢？你不能跟他说:"你能力不行,所以业绩不好,所以要调岗。"

这样批评的话语,直接伤及一个人的自尊,对方是不会认可的,他会觉得业绩不好,不是自己的能力问题,业绩不好有很多客观原因。当他固执于跟你解释这些原因的时候,是不可能接受你的批评、认识到自己的不足和决心提高自己的。

批评要采用就事论事的STAR原则,即:Situation(情境、背景),Target(目标),Action(行为),Result(结果),针对上面的问题,依据STAR原则,你可以跟他这样谈:

Situation(情境、背景):由于我们的探索与尝试取得成效,本部门开展的项目数大幅增长。

Target(目标):部门为本专业人员定的目标是每人承担两个项目。

Action(行为):按照部门要求的程序,收集信息、整理数据、统计分析、总结评估。但你所负责的项目,没有按时完成任务,或没有达到部门的目标要求。

Result(结果):你需要有针对性地对自己薄弱的环节进行培训、加强或提高,如果业绩仍不能改善,你将调离目前的项目管理岗位。

通过这番谈话,对方不可能不认可你对他的评价,你通过行为向对方表明,你的批评是出于真心地喜欢他,也愿意帮助他。

对事而不对人,使批评具有了改进的力量,也是处理人际关系的重要技巧。

还有学者创建了一个批评的公式:先陈述事实,继而确认可罚性,同时表达感受(痛苦),接着要保住对方的自我价值,再表达期望,这就是一个有效的批评。

### (三) 与老年人的沟通技巧

老年人经常挂在嘴边的"三句半"——"我曾经……""我过去……""想当年……""唉！"

每当这时，我们很多儿女或是年轻人就烦了："哎呀！你的故事我都倒背如流了！""你那是什么年代呀，现在是什么年代呀！""你还希望时代倒退不成？"

老年人的心理行为特点：老年人退休离休后，本来就有一种失落感与孤独感，随着年龄的增长，身体机能渐差，还会出现无能感、焦虑感及缺乏安全感，幼稚、依赖、固执、唠叨、敏感、暴躁的情绪和行为日渐明显。老年人最大的一个认知特点是：往事历历在目，近景一片模糊。几十年岁月的痕迹深深地烙印在他们的心里，过往的苦难与欢乐，让他们沉浸在遥远的回忆中，是支撑他们生活的一个很重要的精神支柱；眼前的人和事，他们却绝大部分记不住多少。如果子女不理解这些特点，不接受这些情绪，会使这些行为加重，出现恶性循环。子女越不想听，老人就越想说，脾气就更暴躁。

根据老年人这种"过去太美好，现在太糟糕，将来太缥缈"的逻辑，我们可以这样与老年人沟通：

（1）欣赏他们的过去：告诉老人，在那样的年代，都能获得那样的成就，很让人钦佩！也许我们在那样的环境中未必能像他们一样呢！

（2）肯定他们的现在：子女可以和老人说，他们现在能够健康，能够行走自如，能够生活得快乐，就已经是对我们最大的支持了！

（3）期盼他们的将来：要真诚表达出一种期盼——日子越来越好了，该共享天伦之乐了，也得让孩子们学习一下怎样孝敬老人啊！

我在青海油田时见到采油三厂的厂长，他跟我分享了他与父亲的交流方式。厂长是第二代石油人，他老爸说：过去进生产区的时候，是带着腌

的酸菜和馒头,坐着敞篷车然后再骑着骆驼进来的,还需要走很长时间!儿子就说:我现在是想吃什么随便买,交通工具可多选,路况好,时间短,可这些都是在您们上一辈人努力的基础上得来的呀!社会是在前进的呀!结果老爸听后很高兴,儿子自然也很开心。

有人总结出来几点与老人沟通中要注意的事项:亲切胜于亲热,态度胜于技术,多听胜于多说,了解胜于判断,同理胜于同情,理喻胜于教训,启发胜于代劳。

"老吾老以及人之老,幼吾幼以及人之幼。"关心老年人就是关心我们的将来!

趣味测试

### 测测你有处理冲突的能力吗

在工作中,员工之间的冲突似乎不可避免,不论是因为个性不同还是因为利益冲突,企业的内部冲突都需要调停来解决,否则将破坏组织内部的功能,对团队的凝聚力没有任何好处,因而创业者也必须懂得处理冲突,下面就来测测你是否善于冲突管理吧!

更多精彩内容请扫码观看视频

# 第四篇　应对变革

　　我国改革开放已经三十多年了，随着科技高速发展、经济快速增长，人们感觉对一切的掌控越来越弱，这个世界不确定因素太多了。这世上不变的就只有改变，无论是否接受，我们所熟悉的一切都在慢慢地、悄悄地变成我们不再熟悉的样子。在变革过程中，人们的认知态度有哪些特点？转型对心理健康会造成多大的影响？人们可以采取的应对策略又有哪些？在这一篇中，我们试图从社会学、心理学角度进行探讨。

## 第一节
## 我们身处在大变革的时代

在现时代中,不谈变革、不提创新,明显会被标上"落伍"的标签。

我国改革开放三十多年以来,政策使经济的能量像熔岩喷发一样,显示出无与伦比的威力,并伴随着信息化、全球化的浪潮席卷而来,它对人们的生产、生活方式,尤其是对中国人延续了数千年的思维方式产生了震撼般的冲击力。在日益开放的市场经济环境下,个体意识、人性中最为原始的动能得到了最为充分的展示,它在推动社会经济发展的同时,也给人们的心灵带来了极大的震动,在一定程度上动摇了原有的精神根基,由此引发了一系列有别于其他时代的心理困惑。

一系列的变革呈现在我们面前:消费者成为创新的真正推动力;产品开发周期大幅缩短;创业的成本下降;科技在生活中的应用比比皆是;大数据、云计算的应用锦上添花,等等。

今天,每个人几乎都可以相对自由地获取很多知识,而不必死记硬背——有偿或无偿服务的数据库不仅能提供足够多的信息,还可以进行运算预测未来。创业孵化器等也已经将创业(产品/市场适应力、枢纽、敏捷开发等)制度化,不仅能够提供经验丰富的实践指导,还能提供人脉资源。这样的结果就是,如今的CEO会比前人掌控成倍的、更多的信息。

在市场经济条件下,各种企业都要面对变化莫测的市场因素,包括政府、消费者、客户、供应商、技术、投资者等各个方面,其中任何一方面的变化都可能转化为对企业变革的要求。

石油化工行业的兼并重组，目的在于优化资源配置，增强竞争实力，培育形成几个大型的企业集团，逐步构建起更加国际化的企业管理经营模式。在企业重组过程中，不仅需要调整企业理念、树立整体性的企业发展战略，而且还需要不断优化管理流程，最终建立起包括观念体系、目标体系、资源体系、流程体系、文化管理体系、员工能力、培训发展、考核激励体系在内的组织管理体系。这一系列体系的建立和完善，自上而下推进，涉及管理方式、价值观、企业文化、组织形态等诸多方面，发展必然有着一个渐进的过程，需要消化融合，需要时间的沉淀。

## / 第二节 /
## 只有自己改变，事情才会好转

根据组织行为学的研究，任何组织变革对组织中的个体都是一个特殊而强大的刺激源，组织中的个体必然会产生一系列的应激反应。转型时期的阶段性特点，必然投射到企业员工内心，引起群体性的心理震荡。由于不同员工之间在思想认识、行为观念、价值取向、利益评价、行事作风等方面有所差异，企业员工心理也呈现出多元的心理特征。结合诸多企业变革时期的群体心理，我们认为员工普遍存在这样几个心理状态。

（1）管理体制变革带来的紧张感增加。管理体制的重大变革，管理手段、管理模式的变革，需要员工不断调整熟悉的工作习惯，适应新的管理形式、管理流程，遵从新的管理模式。在适应新的管理变革中，必然带来心理紧张与焦虑。部分员工会因为组织变革而缺乏工作安全感或感到职业发展潜力受到限制。适度的压力与紧迫感将有助于组织变革的执行，但经历着强大压力的员工也隐藏着风险。

（2）个人利益调整引起的心理失衡。由于公司内部上下游发展不均衡，历史条件、所处地理位置、消费水平等不同，以及企业内部晋升、考评制度的差别，在攀比心理作祟下，致使部分职工产生了较强的失落感、相对被剥夺感、不公平感等。如果这些心理感受长期得不到改变，甚至进一步加深，势必使心理失衡现象变成严重的心理问题。

（3）企业独立性弱化导致归属感降低。随着企业之间整合的加速，人员流动的范围扩大、频率加快，加上管理职能更加专业化，独立性弱化，员工对企业的认识会发生转变，对企业的认同感相对下降，感情较为淡薄，过去形成的归属感和依赖感也会随之大幅度减弱，部分员工甚至流露出消极和抵触情绪，影响到工作。

面对这些变革，我们所有的员工均须心往一块儿想，劲儿往一块儿使，拧成一股绳，与企业同舟共济，才能"柳暗花明又一村"。企业需要全体员工的齐心协力，员工也需要企业尽可能短地度过转型期。

甘地曾说："欲变世界，先变自己。"

在这个变革的时代，只有学习，不断地学习，才能跟上时代的步伐。学习的时候是被动地学，还是主动地学，结果其实是不同的。一切有效的学习不是别人拿枪逼着你，也不是某个职位告诉你必须要学习。学习的前提是你的内心真的有愿望，这个愿望让你快乐、让你新鲜、让你自信，让你觉得未来有希望，这是我们学习的理由。学习是我们生命的保鲜剂，让我们的心理有一种充盈与饱满，并能以全新的姿态去迎接变革。

在改变自己这个问题上，有很多人都有做一件事坚持不下来的抱怨。"我下了很大决心，我希望结果……这件事就是因为……没坚持下来。"大家想不想知道为什么？这个跟你自己的"定位"有关系。比如，很多人都说早起不了，"因为我懒"；想好好地学点什么东西，但是学着学着就学不下去了，"可能我天生不爱学习"；还有的人说发现坚持不下来，"原来我底子不好"……这些其实都是定位的误区。

我们现在谈谈习惯的养成过程，跟大家介绍一个心理学实验。让两组大学生练飞镖，跟第一组大学生交代：你们一定要瞄准，每次扔完了看一下得分。跟第二组大学生说：你们不用管得多少分，瞄准就好，最重要的要关注肘部跟身体要贴得比较紧，手拿飞镖要有一定的松弛度，每次扔之前都要注意这些动作，然后瞄准，不用管它的分数。经过一整天练习下来，大家猜猜哪个组的成绩好？为什么？如果你猜第二组成绩好，你的答案是对的。但为什么呢？姿势很重要！具体步骤很重要！当你确定要养成一个习惯，给自己制订一个方案的时候，如果你定的是结果，基本上从开始就失败了，因为这就像第一组学生那样盯着得分。但是，如果盯着的是标准动作，这样才能越来越准确、清晰、稳步向前，就会越来越有提升，这个习惯才能真正养成！

如果你要设计的这个目标是结果导向的，那基本上没开始就失败了，但如果你关注的是去做这件事情，把这件事的精细流程、标准动作设计好，只要认真按照流程练习标准动作，成绩提高的同时也会让自己更有自信心，也更愿意做。

**趣味测试**

## 你善于把握机会吗

机会对于每个人来说都是平等的，每个人都有可能被眷顾。但人生的机会往往稍纵即逝，如果你不善于抓住机会，纵使你满腹经纶，你也会和其失之交臂。当机会来临时你能够好好地把握住吗？想知道自己是不是对机会有所准备的话，就来做做下面的测试吧。

有个年轻女性向你问路，而恰好方向相同，你会如何？

第四篇　应对变革

A. 告诉她方向相同，可以一起走
B. 很详细地告诉她，再从后面跟着
C. 你会默默地带她到目的地
D. 告诉她走法，自己另走一条路

### 结果分析

选 A，你非常善于利用机会。人生何处不相逢，这是一种缘分，你能借此同行，可以说是个善于利用机会的人。你做事负责，也能有涵养地为对方着想，懂得尊重别人。

选 B，你懂得适时把握机会。你把自己的事和别人的事分得很清楚，但不会只告诉人家方法，就压根儿不管了。你会认真地关注一件事，直到它成功。也许正是由于这种原因，使你得到了许多成功的机会。

选 C，你还不太会把握机会。你是个只顾自己，自求满足的人。你无视对方的困难，而一味强求，因此你会制造敌人，但因为你的态度强硬，也有不少人会跟着你走，是属于政治家类型的人。

选 D，你摒弃一切机会。你意志软弱，讨厌被别人误解或低估，一旦被人重视，又觉得是一种负担，感到厌烦。你较少有意气相投的朋友，也没有敌人，是个作风相当独特的人。

## 第三节
## 适应变化,享受变化

员工的情绪状态对企业转型能否成功起着非常重要的作用。埃德加·沙因(美国麻省理工学院教授)曾经指出,人们在企业转型的过程中经常会面对两种焦虑:生存焦虑和学习焦虑。

人是具有习惯性的高级动物,需要安全感。当我们吃熟悉的食物、去熟悉的地方、跟气味相投的人在一起,自然会很舒服,也会有安全感。一旦这个模式变了,吃没吃过的食物、到陌生的环境、与没接触过的人打交道,人的压力感会陡然升高,会出现抵触、愤怒、恐惧、冷漠和震惊的消极情绪。

变革,会给员工带来一系列消极反应,这些反应很正常,也会持续一段时间。这些消极情绪如果处理不好,对企业变革会产生较大阻力,如能处理好这些情绪,辅以恰当引导,可以逐渐使员工从"不愿面对"到"积极参与"。

### 适应变化

不论前行的道路怎样波折,有一点不能否认,我们的国家正在走向兴盛的时代,这个时代为员工们提供了更多的平台和机会。

然而,在这个大变革中,有不少员工对变革、对人生缺乏热情。

从本质上说,"无热情"是一种消极的情绪,是一种萎靡的心态。按照不少社会学家的观点,在转型的变动中,人们的"适应文化",是落后

# 第四篇 应对变革

于物质文化的,在纷繁复杂的现实面前,在五色乱目、五音乱耳的嘈杂面前,人们变得不知所措。由于失去方向,人们就会充满焦虑,因为不知道自己的道路在哪里,看到的是别人的精彩,感觉到的是自己的挫折。由于不知所措,人们就会消极应对,不知道该怎样说服自己勇敢生活,不知该怎样找到足以支撑自己的信念。正是在这样的变动中,这样的彷徨中,生活的热情被消解了。所以说,缺乏生活热情的背后是对社会转型的无所适从。

"物竞天择,适者生存",这是自然进化的法则,同时也是人类社会进步的法则。如果没有竞争,人类社会就很难得到进步和发展,至少,进步和发展的速度将会很慢。

社会竞争的意义就在于:竞争可以使社会不断地寻求问题的最佳解决方案,从而使社会得以不断地向前发展,少走一些弯路或错路。

从老鹰的喂食看适者生存的原则。老鹰是所有鸟类中最强壮的种族,根据动物学家所做的研究,这可能与老鹰的喂食习惯有关。

老鹰一次生下四五只小鹰,由于它们的巢穴很高,所以猎捕回来的食物一次只能喂食一只小鹰,而老鹰的喂食方式并不是依照平等的原则,而是哪一只小鹰抢得凶就给谁吃,在此情况下,瘦弱的小鹰吃不到食物都死了,最凶狠的存活下来,代代相传,老鹰一族愈来愈强壮。

这是一个适者生存的故事,它告诉我们,"公平"不能成为组织中的公认原则,组织若无适当的淘汰制度,常会因小仁小义而耽误了进化,在竞争的环境中将会遭到自然淘汰。所谓:生于忧患,死于安乐。作为员工,如果他们没有面临竞争的压力,没有生存压力,他们就容易产生惰性,不思进取,这样的员工没有前途,这样的公司也会没有前途。

适应也是一种磨炼和洗礼、一种凤凰涅槃的焙烤。适应必然会经历痛苦,但是适应过后我们却可以得到宝贵的阅历,一种平实和圆润的高度。

人的一生实际上就是一个不断适应的过程。适应的问题无时不在,不可避免地存在于我们的生命历程中。当生活中的变故出现时，当出现失败和挫折时，当厄运和灾祸降临时，我们必须学会冷静勇敢地面对，学会适应。

正是在不断的适应中，我们咀嚼了酸甜苦辣，遍尝了人生百味，饱览了人生风景，体验了成功的喜悦，从而充实了人生的内涵，丰富了生命的色彩。

## 关于"不适者生存"

最近看到一种新说法，叫"不适者生存"，觉得也很有道理。

如果我们与环境和谐相处了，还能有什么进步的动力？舒服死了，温水煮青蛙，锅里的青蛙都是舒服死的。只有不和谐不舒服，人才会想着去改变，必须把事情弄和谐弄舒服，然后才能进入舒适区。

但是舒适区不可久留，人长久停在舒适区不是一件好事，那里暗藏危机。古人说，生于忧患死于安乐，和"不适者生存"是同样的意思。如果不想舒服死，就得找到新目标、新起点，重新步入不舒适区。

习近平总书记在《在省部级主要领导干部学习贯彻党的十八届五中全会精神专题研讨班上的讲话》中提到："有人问，新常态是一个好状态还是一个坏状态？这种问法是不科学的。新常态是一个客观状态，是我国经济发展到今天这个阶段必然会出现的一种状态，是一种内在必然性，并没有好坏之分，我们要因势而谋、因势而动、因势而进。"

## 首先做适者，之后做强者

很多人有这样的困惑：为什么我读了很多书，人生依旧迷茫；为什么我上过很多课，依然没有什么用？

有个著名的理论叫作"一万小时定律"，认为一万小时的练习能让

# 第四篇 应对变革

平凡人变成大师。我也曾经深信这个道理，后来发现我做的很多事早超过了一万小时，为什么还不是大师呢？直到我读到了一本书，这个困惑终于解开了，这本书就是《刻意练习》。这本书告诉我们，"一万小时定律"有着巨大的缺陷——长时间的反复练习并不必然导向成功，甚至能把你练废。

为什么呢？

低水平的重复练习确实能带来熟练的技能，但同时会让人沉湎于技能带来的自满中，不再进步，不再思考，甚至变得麻木。

我们常说"熟能生巧"，但一旦技能"熟"到不用想就"巧"的份上，也许你在这个领域的水平也就戛然而止了。研究表明，一旦动作达到"自动化"的程度，即使再多练几年，也不会有什么进步。

经验会让你掉进不思进取的舒适区，却并不能让你成为更优秀的人。脑子里只有"去做去做去做"，但只是机械重复日常工作。一生一世重复，绝无建立新知识的可能，再无进步。

所以，我们的人生一定要不断冲出技能的舒适区，跳入更有挑战的伸展区。要建立自己认知世界的结构，要不断追问事物背后的道理。

专业选手和业余选手之间的本质区别，并不在于掌握技能的熟练程度，而在于是否掌握了套路，这个"套路"就是方法论，是思维模型。所以，刻意练习的第一步，也是最关键的一步，是发现或创建事物背后的方法论。

刻意练习的第二步，是反复练习。有一位大师说过，他在掌握了一个"道理"之后，就会反复努力思考两个问题：第一，这个理论还可以解释其他什么现象？第二，我的哪些行为可以用这个理论改造？

刻意练习的第三步，是及时反馈。任何一个人都看不清自己，如同你永远不可能拔着自己的头发从地上站起来。即使你已经在有意识地反复刻意练习，你仍需要一个教练对你的练习进行及时反馈。这个教练可以从旁观者的角度来帮你认清自己，告诉你什么动作做错了。除了是专业教练，这个教练还可以是师长、家人、同事、朋友。在刻意练习中，在有及时反馈的情况下，一个人的进步速度可以非常快，而且是实实在在的。

## / 第四节 /
## 怎样做才会增加应变能力

有一个社会心理学专家说过，一个快速增长的经济时期，必然会让几代人付出心理上的代价，这话有一定道理。很多人对变革不适应，尤其是体制内的人，因为对变革的心理准备不足，受到的冲击比体制外的员工更多。外资企业、私营企业的员工，比较早地感受到了市场经济带来的变化，也比较早地进行了自我调整，所以整体社会的转型对他们而言，比较容易接受，这点不难理解。

最近比较流行的一句话，叫"生活不止眼前的苟且，还有诗和远方"，这个"诗"和"远方"在哪里？不是天上掉下来的，是要去寻找的，这个寻找是要向自我的内心去寻找。

### 提升解决问题的能力，增加控制感

每一个人的压力来源最重要的因素是不确定性或者不可控感。

先跟大家探讨一个情景：有时候心里特别烦，然后去商场逛一逛，往往会对以往比较喜欢的东西出手，而出手买东西那一瞬间特别爽，但有时候买回来的东西也不见得有用。这种体验大家有过吗？为什么买东西时那么爽呢？有人说因为欲望，欲望被满足了，问题是很多时候你买回来的东西并不是你需要的，买回来就扔到一边了。有人说因为便宜，再便宜买回

## 第四篇 应对变革

来不用也是浪费啊！有人说是种发泄，也对，但为什么消费了心里就痛快了？

这是因为你在购买物品的时候，刷不刷卡你说了算，掏不掏钱你说了算，买不买你说了算，而此时，恰恰是你的掌控感爆棚了！所以，买东西的瞬间你有足够的控制感，所以压力暂时缓解了。

我们再联想有些孩子沉溺于游戏中，家长很担忧，说孩子因为玩游戏导致学习成绩下降了。我告诫家长，你本末倒置了，应该是孩子学习成绩下降在先，沉溺于游戏在后。为什么呢？孩子们在成长的过程中会遇到许许多多他们第一次遇到的问题，这些问题当中，有些可以凭借孩子自己的能力跨越过去，可是也有许多问题就必须要得到爸爸妈妈的支持和帮助才可以跨越过去，这些需要帮助的情景就是孩子成长中的困惑。然而很多的爸爸妈妈并没有关注到孩子已经遇到了具体的难题，没有给出相应的指导，只宏观地强调孩子要好好学习。当孩子在现实中无法应对时，玩游戏就成了他（她）最好的逃避途径了。因为在游戏的情景当中他的控制感最强，他可以想有什么本领有什么本领，想当什么就当什么，想杀谁就杀谁，想有什么武器就有什么武器，所以可以暂时忘却现实中各种烦恼，但难题没有解决啊，久而久之更无法面对了。

无论是你买东西的时候爽，还是玩游戏的时候爽，往往是在之前遇到了难题，遇到了不可控的事情，没有办法去解决，所以这是一种逃避，是结果。

### 面对新问题，可以怎么做

我们在过去的工作生活中都积累了很多经验，这些经验其实起着双刃剑的作用，有时候它能帮助你渡过难关，给你增加信心，而有时候却成了限制你思维的枷锁。

美国作家马克·吐温有句名言："如果你身上唯一的工具是一把锤子，

那么你会把所有的问题都看成钉子。"人们经过年复一年的专业培训，一旦了解并熟悉了某一专业领域的思维模式之后，他们就会到处尝试将所有遇到的问题，都用自己的专业思维模式解决。而专家或者技术能手，很容易陷入自己的专业领域里，形成一种"专业偏见"思维模式——这种"专业偏见"的危险就在于，我们总忍不住用自己专业领域的方法，去解决其他领域根本不相干的问题，而且还慢慢习以为常。

给大家介绍一个解决问题的清醒思考和明智行动模型。

当你面对一个新的工作任务的时候，要清醒思考，快速整理思路，并与上级沟通。

第一步：明确目标，弄清楚完成此项工作任务所希望看到的结果。

第二步：搞清现状，需要了解现状的两个基本方面：可用资源有哪些（如公司财政预算，人力分配）；制约条件是什么（哪些事情不能做，哪些方面要注意）。

第三步：制定方案，结合现状分析准备多套方案，整理出方案所需要的投资和收益。

第四步：行动步骤，将确定方案明确分工，投入资源分段跟进。

利用这个模型进行跨部门沟通时，建议进行如下操作。首先，要明确目标，明确自己的目标和跨部门同事目标的差别，相互交流达成统一。其次，搞清现状，所需要与对方沟通的现状有两个方面：对方愿意提供多少他们已有的资源（如人力）？制约条件是什么？（询问对方的难处，并告诉对方己方的难处，达成相互理解与支持。）然后制定方案，双方利用可用资源制定出符合制约条件的方案。最后，落实行动步骤，按照确定方案投入资源，明确双方的分工推进。

清醒思考和明智行动都是种艺术。

这样多加练习，对很多工作，都可以做到掌控自如。

第四篇 应对变革

> 趣味测试

## 你是个行事果断的人吗

果断的性格无论是对于工作、生活，还是学习都是很重要的。它可以使人们在形势突然变化的情况下，能够很快地分析形势，当机立断，不失时机地对计划、方法、策略等做出正确的改变，使其能迅速地适应变化了的情况。你是个行事果断的人吗？

如果你意外地拿到1000元奖金，想去买一件很需要的大衣，但是钱不够；如果去买一双不急需的运动鞋，则又多了数百元，你会怎么做？

A. 自己添些钱把大衣买回来

B. 买运动鞋再去买些其他的小东西

C. 什么都不买先把钱存起来

### 结果分析

选A，你是个果敢的人。你的决定力还算不错，虽然有时也会三心二意、犹豫徘徊，可是总是能在重要关头做出决定，比起普通人来说已经是杰出的了！你最人的特色是做了决定不再反悔。

选B，你是个没主见的人。你是拿不定主意的人，做事没主见，处处要求别人给你意见，你很少自己做决定。因为个性上有些自卑，不能肯定自己，你这种人也许曾经受过某些心理伤害，或周遭的人物太优秀了，因此造成你老是有不如人的感觉。

选C，你是个武断的人。你常常武断地下决定，这表明你常常做事考虑不够周详，也因此会经常后悔自己所做的决定，忽略了其他事情。

## 第五节
## 增加自我价值，成为不可替代性员工

著名媒体人罗振宇在2016年的跨年演讲中说：现在已经到了知识结构的状态，每一个人的报酬不是跟你的劳动成正比的，是跟你劳动的不可替代性成正比。

为什么有很多人在变革中有焦虑，是因为你的不可替代性很差，也就是说年轻人或者其他人学一学、练一练就能替代你。

有一位创业达人说"人的一生存在一种悖论"。他介绍说，很多大学生毕业以后很难找到工作，因为他尽管有了一定的理论知识，但却没有处理具体事务的经验，只能纸上谈兵。在这个时候，对企业而言，他还谈不上具备什么能力。所以，在毕业求职的时候，递出去很多简历，被录用的机会却很少。因此，人在年轻的时候积累经验是获得能力的基本要素。

在大学毕业后五六年的时间里，人们逐渐积累了一定的经验，获得了一些能力，所以渐渐"值钱"了起来，并且在企业里确立了自己的地位。随着时光的不断流转，当人们到了三四十岁的时候，经验越来越丰富，能力也越来越强了，这种地位就越来越得到了强化。

但是，再过十年，就是当人们到了四五十岁的时候，当人的经验积累到一定程度以后，他对新生事物的应对却变得困难了。所以，我们看到，很多50岁左右的人对互联网的接受程度就很低。对于年轻人来说，移动互联网、人工智能时代的到来似乎是一个特别自然的过程，但是对于他们的上一代而言，它是那么的难以理解。这种难以理解，并不是因为智商和理解力变低了，而是因为学习能力在下降。原来的经验使人认识世界的方式

## 第四篇 应对变革

被固定了下来,人们已经习惯了用过去的经验来理解新生事物。这时,经验变成了一种束缚。所以,人生的悖论就是这样,早期为了积累经验不断总结、提炼、固化,但是到了人生的某一个阶段,这个经验就束缚了你。

我们周边还能听到这样熟悉的话吧?"过去十多年我就是这么干的!"言外之意现在应该也没问题,怎么就不行了?!如果哪一位还停留在这个状态,你真的就是快被淘汰掉了!

现在,人工智能已经广泛被应用于重复劳动、简单劳动中。

我曾经去青岛啤酒集团讲课,顺便参观了青岛啤酒流水线。从发酵开始,到罐装,到包装成箱,整个过程一气呵成,全部都是德国的流水线,而车间里只有几个操作员工,令人惊奇。

然而,不管怎样,有一些需要投入情绪元素的工作,机器人无法替代。世界上还有很多"手艺人",比如瑞士,做手表的可以一辈子做手表,祖祖辈辈、世世代代。中国传统文化中也有很多手艺,也有很多以手工技能或其他技艺为业的人,包括陶工、铁匠、织工、木匠、厨子、乐手等,所表达的民间文化艺术、美术等很难被替代,是因为他们具有"工匠精神",工匠们靠着常年熟练的功夫,制作出各式各样的艺术品、器物和装饰品。

近年来的快速发展,使得很多人比较浮躁,再加上"水往低处流,人往高处走"的思想作祟,许多人不能安心投入工作,久而久之,专业技能不能获得提升不说,自身也不具备核心竞争力了。

那么核心竞争力是什么?就是一个人独特的个性知识经验组合。大多行业里都拥有上百万聪明人,彼此之间真正的不同在哪里?不在于你学的是什么技术,学得多深,IQ多少,而在于你身上有别人没有的独特个性、背景、知识和经验的组合。如果这种组合,第一是很少人拥有;第二在实践中有价值;第三具有可持续发展性,那你就具备核心竞争力。因此,当面对变革,设计自己的发展路线时,应当最大限度地加强和发挥自己独特的组合,而不是寻求单项的超越。

以下知识技能组合具有相当程度的不可替代性。

**专业领域技能**：成为一个专业领域的专家，你的专业技能越强，在这个领域的不可替代性就越高。

**跨领域的技能**：解决问题的能力，创新思维能力，判断与决策能力，表达沟通能力，开放包容能力等。

**学习能力**：严格来说学习能力也属于跨领域的技能。如何培养学习能力，到目前为止我所知道的最有效的办法就是持续学习和思考新知识。

**性格要素**：一些很重要的性格要素包括专注、持之以恒、自省（意识到自己的问题所在的能力，这是改进自身的大前提）、好奇心、自信、谦卑（自信和谦卑是不悖的，前者是相信别人能够做到的自己也能够做到，后者是不要总认为自己确信正确的就一定是正确的）等。

如何培养这些方面的能力，需要学习的东西太多，所以，学习是终身的事情。

我在工作现场中曾遇到一位平台经理，很好学，他常说："技多不压身。"他做了很多年平台经理了，但他不是简单的重复，而是不断地去创新，不断去接受新的东西。新的机器来了，他立马就学习如何操作，而且能快速学会，依然能够干得很好。所以，这个不可替代性并不完全说平台经理不可替代，是你这个人做事情的品质是不是不可替代。他抱着"干一行学三行"的心态工作和学习，我问他为什么？他说："当重组的时候，当挑选人的时候，我具备三个行业的能力，那你觉得我被选上的可能性大还是另外一个人被选上的可能性大？"我只能佩服他有远见，很睿智。

有一段话说得好：每一个人现在的生活品质跟过去的努力分不开，每一个人现在做的每一件事，都是在为未来打基础。

## 第六节
## 聚焦解决,面向未来

一般而言,解决问题有两种思维方式。一种思维方式就是找到问题的原因并去除它,大家都很熟悉这个方法。每遇到困难,大家会去分析我们的处理过程是怎么样的,为什么没有完成,原因可能是什么,然后找到原因加以去除,就像我们生病了,要找到病因是什么,然后消除掉,就是中医常说的"驱邪"。还有一种思维方式是找到已经完成的优势,找到发展要素,增强实力,就是"扶正"。聚焦解决模式说的是后者,即找到优势资源,加以强化,也就是我们常说的"木桶原理"中的"长板理论"。

大家都熟悉的太极图,看似简单明了,实则博大精深,有说是万物之源,又有说是相生互变。圆圈中的黑色部分代表阴,白色部分代表阳,它们既是截然相反的两部分,但又统一在一个圆圈之中,对立统一,又发展变化,预示着凡事都有既相互对立又相互依存的两个方面。

聚焦解决模式,就是一种追求均衡的模式。人们常有一种鼓励人的说法,"不需要拔掉所有的草,我只需要多种一些花",就是达到一种均衡。因为工作中、生活中,有很多的困惑、烦恼,你可以找到原因,但却无法去除。比如我们工作环境的艰苦,比如我们常因为工作两地分居,比如我们有时候工作脱不开身无法回家照顾家人等。

聚焦解决模式有几个要点:第一个是以正向为导向,因为当我们陷在现有问题情景中,会让自己变得越来越糟糕,心情会很差,所以要想办法积极、正向起来;第二个是以目标为导向,就是尽可能明确目标是什么,在实现目标过程中采用一些什么样的方法；第三个是以发展为导向，一切都不是最后的结局，都有可能发生变化；第四个是以解决为导向，不困在问题中，朝向解决迈进；第五个是以行动为导向，你只有开始行动了，才有可能聚焦解决。

我们来根据现实中的一些情景，介绍聚焦解决模式中的几个常用技术。

在介绍这些技术之前，想跟大家达成一些共识，只有先达成共识，这些技术才可能会发挥作用。

要关注问题，还是关注解决？关注过去，还是关注未来？关注原因，还是关注怎么描述过去？关注为什么，还是关注怎么办？关注发生了什么，还是你想要什么？多关注错的，还是多关注对的？

### 聚焦解决模式的百分比思维

在一个长长的横轴上，假定在远端我们称之为 Y, 是未来目标, 现在我们就可能正处在横轴中的某一点上，我们称之为 W，按照原来的习惯思维，我们常常会问：你为什么现在只到达 W 点啊？你还有哪些没有实现啊？这样问常常会令当事人感到很沮丧，因为实现目标还有很大的距离。按照聚焦解决思维则是问："哦！你都已经走到 W 点了！你是怎么走到的呢？"言外之意表达的是称赞，是鼓励，是欣赏，让人会觉得"我还是有能力的嘛"！当然这不算完，接着要补充问一句："你接下来准备再怎样努力一下让自己前进一小步呢？"在肯定中，人们会有信心做出尝试和努力。

举个例子练习一下。孩子考完试，回来报告了成绩："爸妈我考了 90 分。"请问这时候家长们一般都是怎么回应的呢？

我常听到的回应是："最高分是多少？""在班里排第几？""不错，继续努力""为什么丢了 10 分？"等等，这样的回应都不是我们刚才说的聚焦解决的百分比思维。

"你都已经得了 90 分了，这 90 分是怎么得来的？"孩子会总结为这 90

分的获得付出的努力，会增加信心。尤其是孩子考试分数比较低的时候，这个思维对孩子更有益。

假如孩子就考了60分回来，也可以这样回答：哦！你已经拿回来60分了。看一下这60分是怎么得来的？最好能让孩子自己总结出来几个方法，然后告诉他（她），我们看看用你总结出来的方法，能否从丢掉的分里面找回来几分？虽然本质上还是说用这几个方法以后能少丢几分，但孩子的心态会大为不同，会积极正向起来。

再给大家一个练习。

我们现在用一个分数来衡量一下自己，可以衡量自己的生活、工作、职业发展、家庭关系、健康状况等。假如最理想的状态是10分，最低分是1分，你现在给自己打几分呢？打完分后记在心里，请听下面的问题：

(1) 现在的分数是如何实现的？或者你有没有比这个分数更低的时候？

(2) 你是通过什么努力恢复到现在这个状态的？（如果你此时的分数是最低点，那么问题就变成：你是怎么努力让自己的分数保持在现在状态而没有更低呢？）

(3) 你准备做出什么样的努力，让自己的分数提高一点呢？

上述这些练习都是基于聚焦解决模式的理论假设：假设我们每个人都拥有解决自己问题的能力和资源。每个人都不会任由自己沉沦，当陷入问题、困惑中，一定做过很多努力，有过一些尝试。我们要一起把尝试过的、有效的方法找出来，这些方法有可能在尝试解决问题过程中被忽略掉。所以说关注资源，把关注点放在正向的、已有的成功解决的方案上，有利于改变，朝预期的方向发生。另一个假设是没有一件事是一成不变的，所有的事情都是在变化中，小的改变会带来大的改革，个体的改变会带来系统的改变。

在我们刚才的练习中，回忆有没有比此刻这个分数更低的时候，是在提醒当事人此刻未必最糟糕，毕竟生活不是那么一帆风顺的。当第二个问题问到通过什么努力让自己恢复到了现在这个分数时，一般我会在这个问题中多停留一会儿，让当事人想一想，一定做了一些努力，在这些努力中哪个对你达成现在的状况是有贡献、有帮助的，找到那个贡献点。如果是此刻分数最低，那这个问题就变成了："用什么努力让自己维持在这个状态而没有更低？"这些问话都是在找那个曾经付出努力的贡献，因为找到这些，以后再遇到难题就会有勇气、有信心。

第三个问题就是当你找到了自己的能力、优势、贡献的时候，再做一点小小的努力让自己的分数提高那么一点点，就明显不那么艰难了！

### 聚焦解决模式资源说

凡是有共同目标的人都是解决问题方案当中的成员，要互动和共创，当事人、助人者在整个过程中要更多去做一些互动，在这个互动过程中，每一个人都可能成为朝向目标的一个资源。比如说，有一个员工陷入低谷了，所有跟他相关的人都有可能成为解决问题的资源，包括家人、朋友、同事、同学，等等。任何一个事情的解决，不是只有一个人能完成的，他的同盟军尽可能越来越多，而且同盟军目标是共同的，更有助于问题的解决。

比如说我们有很多夫妻想要改善夫妻关系。妻子一个人来的时候，我们要知道丈夫是什么目的，丈夫的方向在哪里。只有了解夫妻双方的目标，才能找到发力点。一定要找到共同目标的人，每一个人的困惑在焦点解决模式中，一定要知道他（她）的重要相关人是什么态度，他的基本理念是不是一致，这就是汇聚能量。

接下来我们介绍六个关键技术，即目标、赞美、例外、量尺、应对、奇迹，来跟大家一起探讨怎么做。

## 第一个关键技术：澄清真正的目标

我们常常会听到周围有人抱怨，而且往往是一大堆的牢骚，你也云里雾里被绕了进去，结果也跟着沮丧、担忧、悲观。听一个员工的抱怨或希望解决的问题，并不是关注抱怨本身，而是要注意到：什么是他（她）想要的？什么是他（她）希望的？什么是他（她）的优点和美德？摘出来这三个积极的视角，能把员工从消极的问题思维转向积极的、正向的思维中来。

聚焦解决模式的第一个方法是：不要陷入问题情景中，要朝解决问题的方向努力。在面对任何问题时，首先问自己："我面对的是一个问题还是一个限制？"

限制被定义为你根本无法改变的事情——没有解决方案。比如：过去发生的所有事情、身体的缺陷、法律法规禁止的条规等。面对限制，你能做也需要做的唯一事情是承认并且接受限制的存在。

面对问题，我们是可以有解决方案的。经验法则告诉我们，当可能有解决方案时，这件事就是个问题。

当弄清这是个问题时，就已经开始进入解决模式。接下来就是要清晰地澄清我们可以实现的目标是什么。没有目标，就无法成功。目标就像是路标，给我们的行动指明方向。但如果路标混乱、不清晰，会令人走错路，也会对用最短路径达到目标毫无帮助。

无论你和谁谈话，清晰、具体、实际的目标对于能实现迅速、持久性的效果都很重要。给大家提供一个常用的"目标设定"有效问句，来帮助大家实现澄清目标："这次谈话（会议）我们讨论什么内容，能够让这次谈话（会议）对你（公司）有用？"这个问句在开始设定目标方面是个强大的工具，让大家更关注目标，而不是讨论琐碎话题。

接下来就是帮助他（她）把想要的、希望的目标分解成一个个具体的动作，让目标清晰有效。

澄清目标的重点，在于确认行为背后的正向意义，从而引发建设性的解决策略。

## 第二个关键技术：鼓励与赞美

鼓励与赞美是一个非常赋能的技术。

鼓励，是指激发，也指振作精神。无论在东方还是在西方，人们都把由衷的鼓励和夸奖看作是人类心灵的甘泉。

我们在人生经历中，总会有挫折与失败。不管是自己，还是他人，我们都需要别人的鼓励。鼓励可以给我们正能量，可以让我们感觉到爱与温暖，也可以让我们重拾对生活的信心，重新振作起来。过去在艰苦的条件下，员工们之所以能克服重重困难，战胜无数艰难险阻，创造出一个个奇迹，靠的就是管理者对他完成任务的信心和鼓励。

每个人在物质需求得到满足的同时，也非常需要被认可、被赞美、被欣赏。赞美别人大家都懂，但执行起来多少有些不足，我曾经在很多场培训里让大家练习赞美，发现人们大多懂得需要赞美，但赞美起来却令人很不舒服，因为不知道要点，有些赞美很牵强。

关于赞美我们要注意的两个要点：一个是赞美要真诚，这个大家肯定都能理解，要发自内心地肯定别人的优点，并表达出来；还有一个是赞美要具体，要赞美行动，而避免赞美特质。所谓特质，就是跟遗传、基因有关的优点，比如长的个子高、长得帅，等等，这些再怎么赞美，对人的激励作用不大。可以赞美行动方面：细心、勤奋、助人等；赞美努力方面：有计划、善挑战、在成长等；赞美想法方面：创意、理性、洞察等；赞美承诺方面：忠诚、尽力、奉献、挚爱等；赞美决定方面：判断力、决策力、成熟、机智等。总之要赞美能让人努力一下可以做得更好的方面。

另外，赞美有三种方式：直接赞美、间接赞美和自我赞美。

## 第四篇 应对变革

直接赞美：比较好理解，我们上文也讨论了直接赞美的要点和内容。

间接赞美：是借用其他话题或人物而进行的一种赞美方式。有些时候，我们面对别人的优点时，直接去赞美，即使你的赞美是出自内心的，有时候也免不了产生拍马屁之嫌，给人留下阿谀奉承的感觉。我们为大家提供下面几个句式供参考："如果（他/她）现在/当时/未来知道，他/她会如何（正向反应）？""以你为荣。""听到别人对你的夸奖/喜欢/敬重/崇拜。"

借人赞美。"哇！你就是小A吗？我听到过别人对你很敬重、很崇拜的。""哦？昨天接电话的是你吗？我以为是个小姑娘呢，声音好年轻、温柔、甜美啊！"通过借助他人来赞美，被赞美的人便觉得很自然，很合乎情理，感到对方的赞美是真心的。

推理赞美。"你是谁谁谁吗？果然，强将手下无弱兵！"稍微懂得一点逻辑推理知识的人都知道，这个赞美运用了推理的方法，给人一种思考与回味的余地，其表达效果比直接赞美更佳，且一石击二鸟。

似贬实褒。有一个村民这样对村长说："都是村长不好，使人人都富起来了，弄得大家都丢掉了艰苦奋斗的作风，变得大手大脚起来。"村长听后，不仅没生气，反而很高兴，因为他管全村的经济，而村民的大手大脚不在他所管的范围内。村民正是利用这种不成因果关系的逻辑，看似批评村长，实是间接地赞美了村长的功绩。如果他直接说："村长你真有本事，让全村人都富裕起来了。"也许会遭到村长和旁听者的鄙视。尽管他是发自内心的，但人们都会觉得他是在拍马屁。可见，由直接赞美变为间接赞美，对人对己都有利。

对比赞美。"依你现在的努力程度（肯定），想象一下一年之后，你的父亲/母亲看到你的成绩会有怎样的惊喜？"这种对比赞美虽不直接，却非常清晰明了，而且增加了当事人的自信心。

自我赞美：一般在情绪低落或者自信心受损时要运用一下自我赞美。

常用的句式是："惊叹＋客观事实＋正向形容词。"比如：哇！这么难做的事，我居然做完了！老天！这么困难的处境，我居然挺过来了！这么烦琐的事，我居然耐心十足！

### 第三个关键技术：例外

这也是一个非常赋能的技术。

这个技术的理论假设是：问题不会一直在发生，总是会有例外存在；看例外减少了被问题威胁与打败的感觉，即所谓当局者迷，旁观者清；与其先教新技能，不如先探讨已经会的技能；复制、保持、增加、扩大自己已有的能力——所谓"长板理论"；多做对的，就无法也没有时间去做错的。

给大家介绍几个例句来说明："你们曾经做出过其他不一样的事情，来改善你们的关系？""你跟别人好好相处是什么时候，即使时间很短暂？""你说一直担心睡不着，是否有不那么难睡着的时候，当时是怎样的？""（抱怨婆婆总挑剔）一周来每天都如此，有没有哪一天没挑剔，那是什么情况？""当你所遇到的问题没有出现时，取而代之的是什么？""过去什么时候，你们夫妻可以像你们期待的那样平心静气地讨论孩子的事情？那是怎么发生的？""以前有没有遇到过相似的困难？为了让情况不至于变得更糟更棘手，你那时是如何处理的？""当这些例外经常发生时会有什么不同？这会是你想要的吗？""上个星期同学跟你发生冲突惹你生气，你并没有动手打人，你做了什么？你是怎么让自己办到的？"等等。

例外的探寻是希望当事人能够觉察到这些例外是成功的经验，自己是有能力可以有所不同，可以实现目标的。

关于人性的聚焦答案观念告诉我们：不管生活如何艰苦，总有一些事情进展顺利，我们总能找到值得坚持的东西。所以，聚焦答案就等于聚焦资源。

## 第四个关键技术：量尺——刻度化询问

这是一个从低效到高能的思维改造技巧。

人们越是觉得自己麻烦缠身，就越有可能深陷到表面看似毫无希望的泥潭之中，在这种时候，你将会听到这样的抱怨："以前，事情都能像这样自己解决掉，现在，什么事情都做不成。我尝试了所有的办法，可都无济于事，每件事情都出错，每个人都反对我，没有人帮助我……"这种非黑即白的思维方式会导致两种状况："如果无法做到尽善尽美，那么任何尝试都毫无意义；如果不是每个人都参与进来全力合作，那么我甚至都不会开始做事，这种情况下的最佳结果也好不到哪儿去，除非每个人都完全支持这个决定，我们才能行动，否则我们什么都不做……"

当你遇到这种非黑即白的思维方式时，你可以将它看作一种抱怨者发出的阶段性提示，这时，他（她）是在邀请你进行差别化处理。尺度问题会帮助当事人意识到并接受在黑与白之间还存在着一个宽广的色彩区间。

"假设从1至10，1代表事情处于最糟糕的时刻，10代表问题已经得到解决，而且你能愉快高效地继续工作，那么你现在所处的位置会是几呢？"这就是我们所说的量尺问句或刻度化询问。这样可以帮助当事人将抽象的概念用比较具体的、清晰的方式加以描述，既明晰了自己所处的位置，又让当事人增加自我监控能力，了解具体进步。

量尺系列可以是无穷的，任何阶段都可以使用，利用10分制尺度，可以用来评估任何方面，如工作、事业、婚姻、家庭、健康等。

给大家一个运用尺度表的模板（这个模板只不过是一个帮助你制作尺度表的工具而已）。

(1) 给出一个从1到10的尺度表，其中，1代表起点，即最困难的时刻，而10代表终点，即"足够好"的时刻。

(2) 提问："你现在处于哪个数值位置上？"

（3）接受当事人给出的数值。

（4）基于当事人所选择的数值，对他表示赞美。

（5）提问："在这个数值中，你哪些方面做了努力得到这个状态的？"

（6）接受当事人给出的所有答案，并用自己的语言重复当事人的话。

（7）提问："还有什么？"

（8）通过三角关系问题来延展到环境中："如果我向你的同事/合作伙伴/老板提出同样的问题，他们会怎么回答呢？"

（9）提问："你将要采取的下一个小步骤是什么？"

（10）提问："如果我向你的同事/老板/伙伴询问你可能采取的下个最小步骤是什么，你认为他们会怎么回答呢？"

用好量尺问句（刻度化询问），不管答案是什么，它都能派上用场。不管当事人给出哪个数值，聚焦答案的人总是可以做出适当的回应。如果当事人给自己打了高分，我们要做的就是赞美他们，然后询问他们现在正在做什么事情让他认为自己处于这个高分值，还需要做什么才能让分值更上一层楼。如果他们给自己（或者彼此）打出低分，我们要做的便是询问他们低分值意味着什么，随后，我们可以提出问题，帮助他们找到需要做什么来提升分值。所以不管答案是什么，如果你能加以正向引导应用，你就不会错。

需要强调的是，这只是一个工具，并不能依此对当事人进行衡量，数值的大小与当事人的好坏毫无关系。

## 第五个关键技术：应对

该技术的主要理论假设是：人具备解决自己问题的力量与资源。面对问题任何人都不会无所作为，要相信当事人一定为解决自己的问题做过些什么。

我们要引导当事人去看自己做了什么使情况没有变得更糟，其中，即隐含当事人解决问题的力量与资源,看出、找出当事人在逆境中的生命力、韧性。

了解这个技术有助于在当事人不知所措的时候,当当事人无法确认任何例外且似乎被问题困住时,往往有必要提醒他(她)做过很多努力,一定有些是有用的、有效的,这些有效的努力已经有小改变,帮助当事人继续在此困境中做些有效、有用的努力得以走过来。所以该技术对于长期、慢性困扰的当事人更为有效。

介绍几个例句:"之前有过类似情况吗?那时候你是如何应对的?""在这么多困难的情形之下,很多人会选择放弃,你怎么能够还坚持下去?""在这么困难的情况下,你是如何做到这一点的?""经历过这么多伤害,我想知道你如何有力量同时去面对工作和生活的双重挑战?""我很惊讶,发生那么多的事情,我不知道你是怎么面对的?你是怎么做的?你是怎么一步一步地走过来的?""听了关于你那可怕的经验和你的历史,可以比较了解为什么你会相信没有什么会有帮助,所以,请告诉我,你是怎么度过每天的生活的?"

在运用应对技术中,有两个要点要掌握。第一个要点:在应对中,没有失败,只有反馈。就好像爱迪生在研发灯泡时,每一次失败他都认为:这不是失败,我只是又证明了一个物质不适合做灯丝而已。第二个要点:没有对错,只有适合。每一个应对方式都有其独特之处,也有其局限,世界上还没有哪个应对方式是万能的,也许对自己有用,对别人未必有用。重要的是找到对自己曾经有效的应对方法,在面对未来的时候可以帮助你胜任挑战。

应对技术中还要强调的是:如果应对方法有效,就继续坚持做下去;如果发现应对方法无效,就要立刻停止,尝试新的应对方法。

## 第六个关键技术：奇迹问题（奇迹询问）

会用聚焦解决模式的人更关注未来，而不是过去。当我们关注过去的时候，做事的方式和未来导向会很不同。为什么呢？因为过去是一种限制，我们对过去无能为力，过去已经结束了，试图改变过去是徒劳的。

问题属于过去，解决方案属于未来，我们要以未来为导向，通过展望未来，我们用行动把理想的未来状态变成现实。未来还没有到来，那么我们现在如何运用虚拟的现实呢？在当事人寻找问题的解决方案时，我们如何帮助当事人以未来为导向，而不是沉溺在过去呢？那就是多提一些让当事人"向前看"的问题。

这就是一个引导对方使用未来导向思考和行动的工具：奇迹问题（奇迹询问）。

奇迹问题引入了一种新的看问题的方式，创建另外的解决问题的可能性，这是心理治疗领域的一个新突破。

当然，在把一个领域的知识应用到另一个领域时，一定要非常慎重，特别是这样把心理治疗领域的方法跳跃性地应用于企业世界、商业世界中。也许说因为企业、商业环境和心理治疗都涉及人的互动，所以两者是一样的，但最好基于自身所处环境对奇迹问题加以调整。

乍看起来奇迹问题有点儿奇怪，可是奇迹问题抓住了聚焦解决模式的精髓，也是管理界的一个真正的创新。从这个意义上讲，奇迹问题是聚焦答案模式全息图。

最好的帮助当事人"向前看"的方法是，问对方合适的构建解决方案的问题，帮助对方把未来解决方案的可能性"向后投射"到现在的环境中。下面介绍几个有用的问题模板："你希望看到什么发生，你是如何知道它们已经发生了呢？""当你朝着目标开始前进时，最早的迹象会是什么呢？""那时候你会做什么不一样的事情？""其他部门如何知道我们已经解决了这个问题?""当问题解决之后,你的团队会做什么不一样的事情?""当我们已经实施了新的措施之后,别人会看到我们做了什么不一样的事情?""当我们的团队开始解决内部冲突时,一开始小的迹象会是什么?""想象我们现在是在一年之后,我们已经解决了这个难题,那时候我们的工作是怎样的?"

这个技术的主要概念重在关注当事人想要什么不一样的生活,而不在于探究问题成因,同时重在找出适合当事人自己的解决方法。

专注未来导向,引导当事人去看当他们的问题不再是问题时他们的生活景象,将当事人的焦点从现在和过去的问题移动到一个比较满意的生活。

现在把这些奇迹问题转换为日常语言的通用模式是这样的:

(1) 我可以问你一个奇迹的问题吗?

(2) 今天是星期四(是的),现在11点钟了(是的),我们坐在你的办公室开这个会议(是的),今天工作结束之后你会回家(是的),晚上你会做一些需要做的事情(是的),然后你会去睡觉(是的)。

(3) 现在,假设在你睡觉的时候,一个奇迹发生了,但是因为你睡得很沉,你不知道这个奇迹发生了。

(4) 在这个奇迹中,所有你面对的问题都得到了充分的解决,它们不会再令你困扰。明天早上,你起床了,但是不知道奇迹已经发生了。你会看到什么知道了奇迹已经发生了呢?你会做什么不一样的事情呢?

(5) 被访谈者:我会……(描述奇迹发生之后不一样的事情)

(6) 好,奇迹发生之后,你会做什么不一样的事情呢?

(7) 还有什么吗?

(8) 你的同事(同部门的人、其他部门同事、经理、高层领导)怎样才会注意到你这里发生了奇迹?他们会看到你做什么不一样的事情?他们还会注意到什么?

(9) 很好。所以现在它(奇迹)已经发生了,你会……(重复被访谈者刚刚说过的话）很好！

让奇迹问题发挥最佳作用的秘诀有以下几点。

第一是确保问题被接受。

通过技巧性的表达，让这个看起来有点儿奇怪的问题可以被当事人接纳。问当事人是不是可以问他一个奇怪、可能会令他吃惊的问题，或者，更好的方式是解释这个问题。我下面要问你的问题可能听起来很奇怪，但是，如果想一下这个问题，你会注意到它会帮助你用不同的方式思考你的情况。

第二是拒绝完美主义。

最好不要问在奇迹中需要发生什么，才能让每件事情都完美。正如奇迹是很少见的一样，完美的局面在现实世界中是不可能的。因此，朝着完美主义方向努力会事与愿违。

第三是倾听你得到的每一个回答。

即便对方的回答乍听起来没有什么用处，这个回答也可能包含着你平时可能不会得到的重要的信息。如果能针对对方的回答继续问："假如（他想要的目标）实现了，你的生活/工作会发生什么不同？"这些问题的回答中常常包含着可以变成现实的想法，这样提问会增加新的可能，让对话朝着建设性的方向前进。

第四是关注当事人的行动。

在后续的提问中，要请当事人多谈关于自己的行动，而非别人的行为。要努力引导当事人说自己不一样的行为，可以问："你的做法会有什么不一样？你们作为团队会有什么不一样？"

第五是索取更多细节。

不要满足于泛泛的回答，比如"我会感觉好一些""我的上司会赋予我更多的责任"或者"我会中彩票，然后离开这家公司"，你的后续问题会帮助你的当事人想出更多具体、有用的回答。

第四篇 应对变革

要注重细节。通过探索奇迹问题对话中的细节，共同发现资源、问题的例外情况和解决方案。

最后再一次跟大家探讨聚焦解决模式的关键思维：每个人都拥有解决自己问题所需要的能力和资源；把关注点放在正向、已有的成功解决方法上有益于使改变朝预期方向发生；没有一件事一成不变，由"例外"带来问题解决；小的改变会带来大的改变，个人改变影响系统；凡是有共同目标的人，都是解决方案中的成员；解决问题的着力点是要协助当事人提升自我价值感，找到工作对于自己生命的意义，产生内驱力。

更多精彩内容请扫码观看视频

# 第五篇　夫妻关系

　　我们曾经做过研究发现，婚姻适应、夫妻关系、婆媳问题等情感问题与工作效率有直接关系。家庭的稳定与夫妻和谐、子女的教育与健康成长等成为各级各类人员普遍关注的问题。我们将在这一篇中用生活中的事例、故事来讲述男女心理学差异，帮助大家用心理学的技巧促进夫妻关系和恋人关系及家庭成员之间的关系，达到家庭和谐。

第五篇　夫妻关系

## 第一节
## 为什么男人女人都说搞不懂对方

世界上只有两种人——男人和女人，但是，他们总是互相埋怨搞不懂对方！

两个看似相亲相爱的人生活在一个屋檐下，同睡在一张床上，大半辈子过去了，多数情况下却你不了解我，我不理解你，有时沟通困难，有时又误会频生，男人和女人之间，似乎是一对亲密的陌生人。

女人指责男人"不负责任""欠缺爱的能力"，男人则抱怨"女人要求太高""施加压力"，都认为对方无法沟通。更准确地说，现实中可能很多夫妻没有认真倾听对方，没有看到真实的对方。

男女的心理特性差异，导致男人和女人在思维模式、做事方法、交流形式、接受信息上诸多不同。所以说，男人和女人活在不同的世界里，有不同的价值观，秉持不同的原则。如果你忽略了这些差异，认为我们所爱的人只有像我们一样所思所想才能幸福快乐，那你通往幸福的道路上会充满荆棘和坎坷。

### 男女思维模式不同

男女思维模式不同：男人是聚焦式思维，女人是发散式思维。

什么是聚焦式思维呢？聚焦式思维也叫求同思维、集中思维、辐合思维、会聚思维等。这种思维模式的特点是把跟当时这件事有关的各种信息聚合起来，利用已有的知识经验或传统方法，有条理、有范围、有组织地思维，朝着一个方向得出一个他认为正确的答案。

所以男人思维是以解决问题为导向的："你想让我干什么痛快说！"他所有的思维都聚焦在跟这个问题有关的内容上了。

所以男人看球就会盯着电视，其他什么事都跟他无关，夫人在旁边急了："你干脆钻进电视里去吧！"男人上街，买什么会直奔目标，买完就走，再让他逛就如同让他下地狱般难受。

什么是发散式思维呢？发散式思维又叫求异思维、分散思维、辐射思维。特点是从一件事、一个目标出发，沿着各种不同的途径去思考，探求多个答案的思维模式。与聚焦式思维最大的不同是变通、流畅、独特，无一定方向和范围，不墨守成规，不束缚于传统。

你看女人上街就像是到了天堂，看看这个也新鲜，看看那个也挺好，看了这个看那个，什么也没买还是看个没完。

在家里夫妻两人吵架了，你会发现夫人的不满意越来越多，吵着吵着就把陈芝麻烂谷子不满意的事全抖搂出来了，你挺纳闷儿：原来怎么没发现她这么小心眼呢？多少年前的事还记着仇呢？

你真冤枉她了！这也是女人发散式思维的表现之一。你若不相信女人思维的发散，可以试试如果和她吵架超过半小时，突然停下来问她："哎，老婆，刚才咱们因为什么吵架的？"多数情况下夫人自己也得愣愣神儿、想想才能回忆得起来，所以有俗话说："和老婆较真儿——那叫不想过了！"

## 男女谈恋爱的方式不同

男女谈恋爱的方式不同：男人用眼睛谈恋爱，女人用耳朵谈恋爱。

男人常常依据自己看到的现象做出判断，直观地认为看见的就是所有的，至于现象背后深层次的东西男人似乎没有探究的好奇心，所以"八卦""长舌妇""包打听"之类的男人较少；男人也感觉自己为家庭做过的贡献，老婆应该看得到，所以也不屑于去说、去表达；男人看见漂亮的东西、漂亮的女人本能地就会被吸引目光，频频回头，所以说男人用眼睛谈恋爱。

女人常常依据别人对自己的肯定与否定来判断自己在别人眼中的价值，女人的自信大多来自于别人的欣赏与肯定。比如：妻子在丈夫的陪伴下，千挑万选买了一件称心的衣服、围巾或者饰品，第二天高高兴兴地穿着戴着上班了。下班回来也没说什么，但脱掉后不声不响地再也不穿不戴了，不用问——肯定是在班上有谁说东西不好看了！这就是女人！

丈夫如果近期在家没有表达对自己的称赞和鼓励，女人多数就开始问一些听上去"很愚蠢"的问题了：你还爱我吗？我和你妈掉到河里你先捞谁？不断在家里抱怨、唠叨、挑丈夫的毛病、挑孩子的不是，其实这是一个信号，女人在担忧，因为在情感关系中，女人比男人更缺乏安全感，原因是她不知道男人在想什么。平息她唠叨最好的办法是每天给她5分钟来听她抱怨，并给予反馈，表示你知道她确实很不容易！

在家中，女人也要尽可能修饰一些，光鲜亮丽一点儿，理解男人以为对方都看得见而没必要表达，不必为男人不给予肯定而烦恼，与其唠叨、抱怨，不如直接说自己需要鼓励。男人也要学会表达对夫人的肯定与欣赏，可以说：老婆你真辛苦，家里收拾得这么干净，这么温馨。老婆逛街试衣服时可以说：没发现你还真是个衣服架子，穿什么都好看！

## 男女沟通与表达情感的方式不同

男女沟通与表达情感的方式不同：男人的沟通在说事儿，女人的沟通在表达情感。

男人表达感情之前，必须先进行一番思考；而女人可以同时进行感觉、表达和思考。

"你看你，上次罚款还是我给你交的呢！你又违章了！"

同样是这句话，男人和女人的意义不同：男人在告诉你，以后不能再违章了！女人在告诉你，看我对你多好！男人说的是罚款这件事儿，女人说的是自己对对方的感情。

对男人，要回应：好啊亲爱的，我以后注意！

对女人，要回应：谢谢你呀亲爱的！你真好！

另外，男女喜欢的话题也不同。男人除了自己，其他天南地北什么都谈，很少或不谈自己的内心世界；女人的谈资比较"个人化"，爱谈自己的感受，但是话题又跳跃多变。

男人说话主题明确，直接表达，而女人，多数就会："你猜猜看！"

男人喜欢夸大自己的聪明才干，希望得到女人的夸奖；女人则喜欢夸大自己的痛苦，也希望博得男人的同情。

通常，言为心声，可夫妻、恋人之间说出的话，未必真正代表他们各自想要"传达"的意思。

"忙吗？"他问。这当然不是一句简单的问候，他或者有事请你帮忙，对方想表达的是一种试探，想和你聊聊天，在惦念你。

不忙。她答。意思是她愿意接受你的邀请，期待你下一步的行动。

问答之间，早已超越字面含义。我们需要辨别的，不仅是含糊、暧昧的信息，还有传递这种信息的行为方式。

在两性关系的不同阶段，对表达的解读，会逐渐由揣测变为配合。相差迥异的理解，不仅是误会产生的根源，也意味着双方需要磨合，抑或彼此差别很大，难以匹配。

## 男女缓解压力与处理烦恼的方式不同

男女缓解压力与处理烦恼的方式不同：男人需要洞穴，女人需要宣泄。

压力和烦恼来时，男人绝不说出是什么事使他困扰，他会沉默地到私人空间里思考问题以寻求解决方法。若他发现了解决方法，他会好过一点，并走出他的"洞穴"。如果他不能寻得解决方法，他就会做些事来忘记他的问题，譬如看新闻或玩游戏。他会因心灵得到解脱而逐渐感到轻松。如果他的压力实在很大,他会做更富挑战的事,如飙车、参加竞赛或爬山。

女人难过或感受压力时,疏解方式是找她信任的人,然后谈论她这些问题的细节。当女人与他人分享沮丧的感觉后,她能马上感到舒服,与是否解决问题无关。这就是女人解决压力和烦恼的主要方式。

所以,男人的压力借着独自到他们的"洞穴"里解决问题而获得疏解;女人的烦恼借着群聚一起,坦然谈论她们的问题而获得释放。

在家中,如果妻子看到丈夫在那儿翻报纸,翻来翻去一条栏目也没看进去,或者在看电视,频道调来调去却没选中一个台,说明他进入自己的"洞穴"里去了。聪明的女人这时的做法是,递给他一杯水,还可以给他一条毛巾,悄悄把孩子带到一边,告诉孩子不要打扰爸爸,也许半小时后、一小时后丈夫找到办法或得到疏解了,就会再回到妻儿的身边了。

这时,如果哪个好心却不了解男女差异的妻子非要积极主动地帮助丈夫"排忧解难",男人不但不领情,还会奋起反抗,拒绝女人的这种所谓"关心和帮助",那取而代之的就可能是丈夫的暴怒!

## 男女之间还有很多个心理差异

男女对家庭标准要求有差异:男人追求家庭结构的完整,女人追求感情内涵的丰富。

有人戏说:女人在找到丈夫之前,一直担心自己的未来;男人是在娶了老婆之后,才开始担心自己的未来。

女人只要认识一个男人,就能了解所有男人;然而男人即使认识所有女人也不见得了解女人。

男女关注圈各不相同:男人关注圈倾向于发现问题,解决问题;女人倾向于专注建立关系,维护关系。

男人的关注圈比较以自我为中心;女人的关注圈很广泛,她可以一边看着电视,一边哄着孩子,同时又打着电话,时不时还关心一下老公,女人天生可以同时做很多件事情。

有的妻子就可能在短短几分钟之内对先生说："你头发太长真难看。你衣服颜色也不对，跟裤子不配。你怎么忘了帮我寄信？你今天去接宝宝为什么会迟到？你回到家来就一直看你的足球，为什么不到厨房帮我一些忙？……"像这样"连环炮"一般抱怨的女人大有人在！女人的关注圈如此之广泛，常常令男人云里雾里、不得要领，不知道妻子到底要干什么。

男人喜欢的东西充满对抗性，就是要一决雌雄，且需要用到大量手脑协调和空间测算能力，征服是他最大的满足。男人完全无法理解女人之间为什么会有那么多话要说；同样的，女人也无法理解男人为什么总要分个高下才肯罢休。

女人是情绪化的动物，心情好的时候问题都不是问题，心情差的时候没问题也能搞出问题。

男女空间距离感有差异：女性需要的是与人互动的亲密感，男性需要的是个人的空间感。

男人的情感较为强烈而短暂，像火；女人的情感较为温和而持久，像水；男人的爱如火如荼，男人的恨刻骨铭心；女人的爱持久而稳定，女人的恨广泛而深远。

认识到男女思维和感觉的差异，我们就不会在得不到我们想要的某些东西时，试图改变自己的伴侣。巧妙的接受和更深层次的理解会使爱情之树根深叶茂，也会使我们从夫妻关系中得到我们想要的一切。

很多夫妻间的问题是不去正视双方存在的真正差异，总是从心里认为双方的差异是"不应该"和"一定不能"存在的，所以只看到"我对你错"，只看到"自己受伤的心"。正是这种观点，让我们把简单的差异变成了复杂的差异。《非诚勿扰2》中不是就有这样的台词吗：长久的婚姻就是将错就错。

有一个心理学家总结出了建立两性良好关系和促进交流的七大定律是：

接受对方的"本来面目"、经常表达赞赏之情、真诚交流、分享并探讨与对方的差异、支持对方的目标、给对方犯错的权利和将需要转化成目标。也许这些定律会给你帮助。

## / 第二节 /
## 我的夫妻模式属于哪类

婚姻是男性和女性为了更有效地满足多种需要而结成的法律上、道德上和心理上的契约关系。

男女结婚后组成家庭，家庭组成社会。社会心理学中的婚姻关系形式有哪几类呢？我们举几个常见的类型：

（1）互补型。这是最普通的婚姻类型。丈夫和妻子双方互相尊重各自对婚姻的贡献，每个人拥有自己的一方自由，保持适度的亲密度。

（2）谦让型。这种婚姻类型是最稳定的。婚姻中，存在具有文化特色的性别角色，避免强烈情绪的表达，尤其是愤怒；限制亲密关系，重视孩子、家庭和各自的信仰。

（3）好朋友型。这一婚姻类型的特点表现在高度的亲密和共同的体会，平等的角色分配和责任感，以及对追求美好婚姻的强烈承诺。但是，如果此类型中一方或双方的期望没有满足时，婚姻就会经历失望和疏远。

（4）浪漫型。这是最不稳定的婚姻类型。双方的亲密程度像手风琴，时而很近，时而较远。其中，情绪能够强烈地被感受和表达，比如高兴、愤怒等。

## 幸福婚姻的三种形态

有一个研究学者指出，幸福的婚姻，并不只以一种形态呈现，他发现以下三种夫妻，日子都过得比较愉快：

（1）肯定型：这是大家心目中所憧憬的婚姻，夫妻相敬如宾，彼此互重、互爱，平日有欢笑，意见不同时虽也会争吵，但却能想办法去互相了解，以合理的方式解决冲突。

日本影视歌明星三浦友和与山口百惠夫妇有一个幸福的秘籍，就是"轮流当天使"。他们夫妻所采用的方式就是：这一段时间我是天使，我让着你；下一个阶段你是天使，你让着我。大家都有发泄的机会，这样也很甜甜蜜蜜。

（2）热火型：夫妻像坦克车对坦克车，两人都很有主见，也都相信有话直说。他们吵起架来情绪激昂，并且音量很大，他们虽会彼此大吼，也会为吃醋而争吵，但他们说话的内容并不伤人。他们习惯于大声争论，吵架不但没有给他们带来伤害，反而成为他们婚姻生活的调味料。他们之所以能如此愈吵愈相识，甚至以吵架为乐，是因为他们在平日生活中有许多甜蜜热情的时刻。

我记得身边就有一些这种类型的伴侣：生活了一辈子，吵了一辈子。吵架是他们特有的沟通方式。有一天突然夫人不吵架了，丈夫就急了：她肯定是生病了！她连续两天没跟我吵架了！

（3）阴柔型：夫妻像潜水艇对潜水艇，两人都不喜欢争执。这一类型夫妻即使有冲突，也不会造成大伤害，他们并不忙着指控对方，而能各自安抚自己的情绪，他们也努力去接纳彼此的差异。

朋友，你的婚姻关系和家庭是哪种类型呢？我想，不管哪种类型只要有爱就好！鞋子穿在自己脚上，只要自己感到舒适就美满。

## 第五篇 夫妻关系

**趣味测试**

## 你内心对另一半的要求是什么

假如你百般无聊时去逛街散心,等到想回家时,又觉得空手回家怪怪的。于是,你决定买一样东西带回家。

偶然间的决定,当然随意性较大,你希望买什么呢?请在以下答案中任选一项。

A. 去书店买本书看看,正好可以打发无聊的时间。

B. 一件漂亮的衣服最实用。

C. 水果自然是最好的选择,免得家里没有又出去跑一趟。

D. 带一些西式面包,又好看又好吃。

**结果分析**

选A:你受的教育层次较高,因而对生活质量的要求有别于常人,尤其对爱情的要求较高,不仅要富有情调,而且要高雅精致,恐怕能办到的人不多。切记太挑剔会使你失去很多机会,年华易逝,还是现实一点好些!

选B:表明身在情海中的你,常常游移不定,搞不清好男人(好女人)在哪里。爱起来,你会不顾一切,即便背着第三者的名分也无所谓,可惜你这种热情太不持久,三天不到,你又觉当初选择有误,于是立马收兵回营,另觅良枝。在爱情上三心二意的你,虽在乎自己的感觉,却往往搞不清自己的感觉,因此时常心无定所。还是安静一点好,先弄清自己,再全力出击,才会得到你梦想中的情人。

选C:痴情的你,对爱全身心地投入,也要求对方坚定不移地爱你。

你把一切看得太美好，一旦受伤，久久难以恢复。你认为只要全心全意地投入，对方也一定会如此回报你，因此在不知不觉中，你对恋人的要求较为苛刻。建议你试着退一步看问题。对爱情执着是好的，但万一你们已缘分不再，别一门心思试图唤回对方的爱。过去的，就让它过去吧！

选 D：生活中的你非常现实，从不会委屈了自己，让自己舒舒服服是你的目标，爱情中的你也不会为了爱一个人委曲求全，虽然偶尔冲动，但最终理智会占到上风。因此，在情路上你一般不至于吃亏。你的毛病，是有时太计较施与受的平衡，有时会让人觉得你不够真诚。

## 第三节
## 如何维持亲密关系

我曾听到过于丹关于幸福婚姻的访谈，她有一些观点很值得称赞。

她认为：最好的婚姻就是融合，认同彼此的圈子，爱彼此的亲人，接纳彼此的朋友，因为有彼此，你们更爱这世界的一切。

她还认为：一个好的伴侣一定是这样的，我因有你而更爱世界的一切，也比以前更知道父母养育之恩的厚重，更知道要有自己的朋友圈子，更知道得去世界上去做很多精彩的事。你的大爱我不能辜负……

她还把婚姻比作一个烧杯，进入的两个人其实是两个活性元素。如果没有认清自己就去寻找另一种元素，那么很有可能，你寻到的是一个好元素，但是这个好元素跟你之间没有反应，甚至生成恶的反应……

有不少婚姻分析师都在研究 1 + 1 = ？这可不是一道简单的数学题，两个 1 分别代表丈夫和妻子，结婚后的生活呢？就是相加的结果，有>1 的，

## 第五篇　夫妻关系

有<1的，当然还有=0的，婚姻真正的幸福是至少=2或者更好>2。

人类的爱情包含着四个要素：关心、责任、尊重和认识。我们接着讨论爱情与婚姻的亲密关系如何维持。

### 平等与尊重

平等是亲密关系维持的重要条件之一，但不是我们平常说的地位、经济状况。按照公平理论，在任何形式的人际关系中，人们的付出应该与其收益成正比例。比如爱情与婚姻等亲密关系中，人们并不是以最小的付出换取最大的收益，而是追求一种大致的平等，付出多少，得到多少。

有这么一个故事：英国女王伊丽莎白参加应酬很晚才回家，发现卧室的门紧关着。女王站在门外敲门，丈夫问："是谁？"女王回答："是女王。"丈夫没有开门。她又敲，丈夫又问，女王回答："是伊丽莎白。"丈夫还是没有开门。伊丽莎白女王似乎意识到了什么，最后，她答道："亲爱的，我是你的妻子伊丽莎白啊！"听到这话，丈夫才打开门。

这个故事告诉我们，没有任何人有资格在爱人面前盛气凌人。进入婚姻时，其实两个人一是一无所有，因为平等，之前的一切账单都已经撕碎了；二是富比天下，因为拥有爱情，因为这两个人将相守终生。

我在讲座时常会提到一个我听来的，也很有哲理的概念：

你把自己的妻子当成佣人，你就是佣人的丈夫，如果你把妻子当成公主，那你是什么呢？驸马爷？亲王？

你把自己的丈夫当成马夫，那你自然就是马夫的老婆了，如果你把丈夫当成王公贵族呢？自己是不是就成了大臣夫人？宰相夫人？皇后？

### 互动与关心

决定人们对亲密关系是否满意的另一个因素是人们对事件的解释方式。学者们发现，幸福的夫妻经常做积极强化式归因，就是把对方良好的行为归结为对方的内在原因，而把对方不好的行为归结到情境中去。相反，不幸福的夫妻经常做抑郁式归因，把对方良好的行为看成是幸运，而把对方不好的行为归于他（她）就是这种人。你想心情会多糟糕！

互动与关心的前提是一定要认识差异，承认差异，接受差异。

凡是走进婚姻殿堂的人，谁不希望自己的婚姻是快乐的、幸福的、美满的？然而一些人却觉得自己的婚姻是痛苦的、后悔的、无奈的。有一些婚姻痛苦的女员工来找我抱怨：当初追求我的男人那么多，我怎么就瞎了眼，找了这么个人，害得我后半辈子吃了这么多苦！还有男员工也经常这么说：当初我怎么就昏了头娶了她呢？

每个人对配偶的满意度，是根据社会主流的价值观变化而变化的，而主流价值观的变化是谁都控制不了的。所以，说自己"瞎了眼，找了这么个人"的理论其实不成立，至少在选择对方的当时，你是满意的，否则就不会结婚了，只是随着时间的推移，你们双方的价值观发生了变化，所以感觉就变了。平静、理性地接受这些变化，调整这些变化，这才是朝着积极的方向去努力。

## 沟通与讨论

除了由不平等、价值体系变化诱发的紧张和消极倾向，夫妻间亲密关系出现问题的另一个原因就是缺乏沟通或沟通不良。走向破裂的夫妻经常不能或不愿意向对方表达负性的情绪，即懒得与对方沟通。这是我们现在说的"冷暴力"。

在最终破裂的婚姻中，往往包含着许多埋怨，并且对对方的关怀置之不理。双方在交往的时候也往往陷入了"消极疯狂怪圈"，对方积极的行为被忽略，消极的行为被夸大。

幸福的夫妻常常也通过与对方的争论来理解对方的观点，心理学家把这种心理状态叫作摆观点，它对维持这种关系的健康极为重要。争论当中，

第五篇 夫妻关系

女性比男性在摆观点、情绪敏感性以及自我展露等方面更为投入。也正是由于这些争论,使得夫妻双方更为了解对方。

倾诉与倾听是美满婚姻的润滑剂。现实生活中,很多已婚者感到很压抑,有时候压抑得几乎喘不过气来。一些人对配偶有意见,今天不敢说、明天不愿说,今天一件伤心的事装在心里,明天一件痛苦的事憋在心里,最后心里就成了个垃圾场,发泄不出去,以至于无法承受时,人就会崩溃,或者像火山口被堵住了,而这又是个活火山,它一定会找到一个薄弱环节,一旦有了爆发点,它就会火山爆发!

## 欣赏与赞美

我们前面已经提到过,女人的自信来自于别人,安全感来自于老公。所以,提醒男人们要学会哄女人开心的技巧。同样,男人也需要欣赏、肯定与赞美。谁听到赞美声会不感到受用呢!俗话说,再富有的人,也需要得到别人的肯定。所以有人就说:女人要宠,男人要哄。

中国的传统文化让很多人有含蓄的特点,常常用恶狠狠的语气,向最亲近的人表达感情。就说我们前面提到的,丈夫有应酬了,一般妻子会嘱咐几句:少喝酒多吃菜,够不着站起来。结果丈夫还是喝高了,被朋友送了回来。本来夫人在家里就嘀咕呢:是不是喝多了,怎么这会儿还没回来?这时夫人看见丈夫被朋友送回来,就说:在外面喝死算了,还回来干吗!

是不是很多人都接到过这样的短信:一帮忘年交的男人在喝酒,有一人突发奇想,给各自老婆发短信"我爱你",看看各年龄段女人的反应。果然结果大不一样。

20来岁的女人回复:"我也爱你!"

30来岁女人回复:"猫尿灌多了吧?"

40来岁女人回复:"你没病吧?"

50来岁女人回复:"发错人了吧?看回来怎么收拾你!"

60来岁女人回复："退休了闲得慌是不是？钓鱼去吧！"

70来岁女人不回复，直接给儿子打电话说："你爸病了，快带他去看医生吧！"

80来岁的女人自言自语地说："唉，今天肯定忘了吃治老年痴呆的药了。"

这真是典型的中国式沟通。

不会宠女人的男人就算不上是一个成功、有修养、有风度的男子汉。弗洛伊德曾叹道："虽然我花了30年的时间研究女性的灵魂，但有个大问题我仍然无法回答：女人渴望得到些什么？"契诃夫也说："女人是个猜不透的谜。"冰心说过："如果世界上缺少了女人，就缺少了十分之五的真，十分之六的善，十分之七的美。"解读女人不容易！宠女人却很容易。

有员工问我这样一个问题：因为经常上线，所以做丈夫的只要回家休假时总想好好陪陪老婆。可是陪老婆逛街是一件很让我头疼的事——老婆爱逛，但看来看去也不太买东西，我鼓励她，家里买衣服的钱还是有的，喜欢了看上了就买一件吧！偶尔也有喜欢的穿在身上试试，我最怕让我拿主意，我也发现怎么说她都不满意，你说颜色不对吧不行，你说款式不对吧也不行，最后说挺好的买回去吧还不行，总之，出什么主意、怎么说她都是不满意，最后决定买不买的还是她自己。我就纳闷了，到底应该怎么说她才高兴呢？

我告诉他说，这就是我们前面讲的老婆在寻找自信，是在询问你对她的态度，换句话说你这时只要给她赞赏就行，而不必对她选的这件衣服发表什么评论。

你可以说：老婆，你真是个衣服架子，穿什么都好看！你还可以说：老婆，我怎么原来没注意你皮肤这么好啊！你更可以说：老婆，没想到你现在体型保持得还不错嘛！你甚至可以说：老婆，你越来越有味儿了！……反正抽象的、赞美的词，你就统统送给她。她嘴上会骂你，心里却甜滋滋的。

天底下的女人大概都是这样傻傻的，即使明知道男人的话言不由衷，八成儿是在哄她，也愿意听男人那些甜腻腻的、不负责任的废话。

另外我还想说：男人"哄"女人，双方得益。

你不难发现，凡是日子过得挺自在、在家里活得优哉游哉的男人，一般都是哄女人的"大内高手"。他们的聪明说到底没有别的高招儿，最重要的一点就是他们拿捏住了女人身上的这种天然的弱点，尽管他们说的不是真心话，但是能哄得女人三秒钟之内破涕为笑，乐颠颠儿地去干她的家务活儿，嘴巴里还哼着歌唱着曲儿！而这个女人在极乐意地干这干那的时候，那个聪明的男人却一边坐在沙发里看报纸，一边得意地偷偷笑着呢……

女人需要哄，就像女人需要爱。哄女人，绝不是一方收益，受益的是男女双方。

### 包容与感恩

包容与感恩是夫妻间和睦相处的前提，更是幸福婚姻的基础。俗话说："金无足赤，人无完人。"没有不犯错误的人，夫妻生活在一起，如果你的左口袋里装的是包容，右口袋里装的是原谅，那么今天会在你的左口袋里收获幸福，明天会在你的右口袋里收获快乐，时间久了，身边充满着幸福与快乐。

有以下一个小故事。

在一个小镇里，住着两对经济状况相似的夫妻，有一对夫妻经常吵架，三六九大吵，平时小吵不断，他们的感情当然很糟；另外一对夫妻似乎从没有人听过他们吵架，看上去感情很好。吵架的夫妻就来请教："你们在生活中没有摩擦吗？"回答说："当然有啊！"又问："那你们怎么没吵架呢？"又回答："我们各自都是恶人，所以不会吵架，而你们各自都是好人，所以才会吵架！"

这是什么逻辑？看着这对经常吵架的夫妻疑惑的表情，那对感情很好的夫妻举了个例子道出了原委。妻子说："有一天早上，我起来后给丈夫倒了一杯水放在床头，丈夫起床时不小心给碰翻了，水洒了一地。我赶紧上前道歉：'都是我不好，把杯子放在床头桌边上了，害得你把水杯碰翻了！'"丈夫说："这时候我也赶紧道歉：'是我不好，没留神，把你倒的水给碰翻了！'你们想，我们各自都是恶人，会吵起来吗？如果你们家碰到这样的事怎么办呢？"那对吵架的夫妻面面相觑，恍然大悟。

每一对夫妻都有一本"感情账户"，是"存款"还是"提款"，取决于你们自己。存款最好的办法，就是平日多彼此赞美，多学习第一人称的沟通。

容忍与包容不同，容忍是压抑，它一定会有个限度，当超过那个限度的时候，爆发的后果难以想象；而包容是接纳，是宽容，是一种在承认差异的基础之上，欣赏对方和你的不同，并且与差异共存的状态。

## 婚后的生活重心在哪儿

当然是在你们的小家庭里。

夫妻所建立的关系，是一种特殊的人际关系。本质上是属于私人性的、长久性的、进展性的、契约性的关系。就夫妻关系而言，夫妻一方面要建立起牢固的夫妻联盟，树立亲密的夫妻关系，同时也得注意让夫妻彼此保持适当的个人天地和私人界限。夫妻能属一体，同时也能发挥自己的志趣，是现代夫妻的心理要求。

有时候，婚姻矛盾直接来自于父母亲家的干预与影响，比如父母对儿女婚姻的不支持甚至反对，或父母对已婚子女太关心、干预过度，会使子女失去了自己设想的婚姻生活的自主权，从而成为矛盾的源泉。

还有，父母与子女的关系太深，子女在情感上也很在乎父母的反应，尽量想"孝顺"，以满足自己父母的希望，结果使配偶感到委屈而不满意，

第五篇　夫妻关系

从而导致夫妻不和。

有时，双方父母产生相比相争的局面，年轻夫妻对这家好一点，就使那家不欢，对那家照顾多一点，这家就不悦，使得年轻夫妻在两家父母之间犹如在跷跷板，一不小心，就失去平衡。

我强调重心不是说结婚了就要和父母分离，而是说婚后真正的联盟核心在你们自己的小家庭里，先是二人世界，然后也慢慢为人父母，共同去孝敬双方父母，共同商讨生活的细节，这样的日子，双方的父母都会满意。

## 吵架的背后表达的是强烈的关注需要

一种情绪实际不仅仅是一种情绪，它包含着相互对立的另外一种情感。比如：侵略性对立的情感是什么？是渴望温柔和亲近。有一对常常半夜打架的夫妻，身体冲突很强烈，他们打完了，来找我咨询，我透过表象看到的其实是女人需要更多的关爱和注意。

在这里，尤其是想提醒男性朋友们注意，当一个女人用侵略、攻击的行为来表达她愤怒的时候，她内心深处表达的是你对她的关爱不够。吵架，是在表达渴望被关注、渴望身体的接触，因为最强有利的沟通还是身体的沟通，语言有时候是苍白的，所以不管它表面的现象是什么，我们还要识别对方对立的情感，这就是心理学的妙处。要看她潜意识、内在、情绪背后的对立情绪——侵略的一面背后是什么？渴望温柔和亲近。

当一个女人要用愤怒来表达她的力量，其实是她觉得自己憋得太久了，自己太委屈了，平时自己太弱了。这里面有多少压抑、多少被忽略、多少不被尊重的感觉，也许他身边的那个男人根本就没有懂，所以她用这种身体的强大、声音的高度来表达自己。因此我才说要看她的肢体语言，看她内在的情感。

男人的愤怒和发火，所表达的也都是对爱的理解和渴望。他最主要的困惑也只是不知道还有什么其他更好的方法来表达。再有成就的男人也是孩子!

一些人说生活平淡、苦闷,那是什么?渴望意义和目标,他需要探索新的生活目标,需要找到生活的另外的意义,渴望转变。如果我们能够读懂对方的情绪,读懂他内在的需要,两个人才会真正默契。

吵架是价值观、人生观、金钱观差异的具体表现,吵架只是一个导火索。

## 如何在吵架中澄清问题

### 1. 不仅仅依赖语言沟通,还要有身体沟通

女人的吵架可以看作是一种调情,一种需要强有力沟通的表达。在吵架的过程还要注意什么呢?除了语言,还可以观察对方的肢体沟通,也就是我们常说的态势语。可以充分用身体的语言去表达、爱抚、接受、包容。比如半夜夫妻吵架,女人的表达非常凶狠还带有侵略和攻击,男人该怎么办?其实,如果男人了解一点心理学的常识,这个问题就不难解决——上前紧紧地把她抱在怀里,静静地抱在怀里,贴着她的脸任由她打骂,用不了多一会儿,女人就像一个乖乖的小绵羊了。

### 2. 陈述"我的信息"

陈述"我的信息"有三个步骤。第一步是描述自己觉得困扰不安的行为,例如:你这么晚都没回来。一定要只描述行为本身,而非指责行为的当事人。第二步是陈述自己对可能的后果的感受。例如:"我很担心。"第三步是陈述后果。例如:"我会因为担心而无法入睡,早上可能会不能准时起床。"

可以用这样的语句:"当……,我觉得……,因为……"还可以用开放式语句:"我觉得……,你看呢?"

如果没有这样的常识,可能的语言是:"你这个人怎么这样?气死我了。你只顾自己开心,也不知道早回来一会儿!"有的时候,妻子对丈夫

说："你怎么这么懒？你就不能多干点活？"

### 3．就事说事，不进行人身攻击

忌用"你总是……""每次……""你一贯……"这样的语句。

当对方觉得你说的是事不是人，对事不对人时，对方就容易接受，以"你"为开头，就容易变成指责。最后就可能话赶话，升级为战争。

### 4．把指责变为邀请

女人要求男人在家中一起承担责任时，沟通中往往带着指责的成分，如果是邀请呢？情况可能就大不一样。

在尊重彼此需要的前提下，女人要充分利用男人"解决问题"的本能，把"要求"改为"请求"："麻烦你帮我做一下好吗？""你帮我一个忙好吗？"告诉他你需要他为你做什么。

### 5．不必说不对，但要说对的

我们不会给对方说"NO"，但我们会告诉对方什么是"YES"。

在夫妻生活中不可能一团和气，没有情绪，但情绪怎么表达，可以按我们说的去尝试一下。

趣味测试

## 你的婚姻关系是否安全健康

想知道自己的婚姻是否安全，就做个测试吧！

扫码在线测试

## 第四节
## 男人在婆媳难题处理中的N大"法宝"

### 丈夫的角色——是"双面胶"还是"夹缝男"

每个女人走进婚姻，不仅要立志做一个贤妻良母，还要做一个好儿媳。每个男人在结婚之后，不仅要担当一家之主，还要做协调半边天的润滑油。

男人在扮演儿子和老公这两个角色的时候，很需要技巧，需要用心去找到平衡点，需要宽容和爱。可能一不小心，就会导致非常严重的后果。

在婆媳关系中，男人不能无所作为。男人应该一手孝敬老妈，一手讨好老婆，两手都要抓，两手都要温柔。

男人要想保自己大后方的稳定、后院的一方安宁可能要学会效仿以下三样东西。

（1）出气筒：不管是老妈还是老婆，心里有不痛快，向你发泄时，别反抗，别抱怨，都要照单全收，让她们把那火气淋漓尽致地发泄到你的头上。这样她们的火气从你这儿发出去了，就不会再去找对方了。

（2）灭火器：如果双方的火都很大，吵起来了，那你就要想办法，把双方的火先压下去。不管用什么办法，哪怕装病都成，因为说到底，她们都爱你。

（3）复读机：妈妈如果说"你媳妇太不懂事"，你就重复说"不懂事、不懂事……"媳妇如果说"你妈事真多，什么都管"，你就重复"事真多、事真多……"你就这么"复读"着，那个唠叨的人就没劲了。媳妇明白，这毕竟是你的亲妈妈；妈妈也明白，再怎么说也是自己家的媳妇。唠叨完了,也就完了。

处理婆媳关系,夸奖比抱怨更有效。对方的缺点,宁愿看不见,尽量把她的优点说出来,时间久了,抱怨声少了,慢慢就平和了。

都说距离产生美,有条件的话,尽量拉开点距离,也是个好方法。有专家说婆媳之间以"一碗汤"的距离最好。什么意思呢?就是你们和父母住得比较近,有需要时随叫随到,平时又避免了摩擦。

婆媳关系中的男人应该像成年人一样承担自己的责任。

## 建立"夫妻认同感"与"夫妻联盟"

所谓夫妻认同感,是指夫妻结婚后,逐渐把两个人看成一体,不可分割。这种夫妻认同感与"自我认同感"同时存在、不受影响时,夫妻关系就会得到强化。如果自我认同感过强,更多地关心自己个人的存在、利益与成就,而较少关心夫妻两人的双体存在,这样的夫妻认同感就不可能强烈。

"夫妻联盟"是夫妻认同感很强烈与稳定的表现。夫妻中的任何一方一旦遇到困难,另一方会马上联合起来去应对这种困难。所以"夫妻联盟"是婚姻的一种稳定的、牢固的基础。从婚姻的心理学角度看,如果一对夫妻三至五年之内尚未建立起"夫妻认同感",就意味着两人的夫妻关系还不稳固,容易产生婚姻生活的障碍与困难。一旦出现"险情",他们很难联合起来共同应对"外敌"的进攻。

不建立起夫妻的认同机制,就很难建立联盟,因而就难保证他们的婚姻生活能顺利进行下去。

## 要对自己的快乐负责

快乐是自己给的。快乐无处不在,保护内心不受伤害,学会拯救自己。不要带着情绪去处理问题。

健康的家庭应该是以夫妻为核心，老人、孩子虽都是家庭成员，却不是家庭核心。既然只是众多家庭成员之一，把关系简单化处理，是一个非常值得尝试的方法。

现代人对"双赢"结局着了迷，但是，我总结出，在婚姻里，只有"双输"才能达到"双赢"——因为在爱之中，放弃才能真正拥有。

趣味测试

### 你是一个合格的丈夫吗

历尽千难万险，重重考验，你终于牵上娇妻的手，准备携手今后的人生路。你曾在心底暗暗起誓：我一定要让心爱的她过得幸福快乐。现在，你做到了吗？你是个合格的丈夫吗？做完这个测试你就知道了！

扫码在线测试

趣味测试

### 你是一个合格的妻子吗

经历了爱情的洗礼后，你终于和心爱的他走向了婚姻的殿堂，当他给你戴上结婚戒指的那一瞬间，你会暗暗起誓：一定要做个合格的妻子，让他成为这个世界上最幸福的男人。那么，你做到了吗？在他的眼中你是个合格的妻子吗？赶紧做这个测试吧！

扫码在线测试

第五篇 夫妻关系

/ 第五节 /
## 婆婆为什么非要跟我较劲

家不一定很富有或很温暖,但一定是每个女人的最终归宿。然而在我的咨询中、访谈里,女员工最常问到的问题一是夫妻关系,二就是婆媳关系。

"我结婚时间不长,有属于我们俩自己的房子,公婆也有自己的家,但是,只要我不在家,婆婆就跑到我的家里,把我原先摆放好的东西按照她的习惯或者想法重新摆放一遍,让我经常找不到要用的东西;有时候还翻看我的衣柜,也许看我是否买了新衣服。我旁敲侧击地、非常客气地提醒过婆婆,这样做让我很不舒服,但婆婆照样我行我素,只要我出门不在家,她就来家里折腾一番,我应该怎么办呢?"

婚姻是一种社会化产物,是两个家族之间的迷你外交,并不仅仅是两个相亲相爱的人住在一起,因此有矛盾、有分歧、有异议都是很正常的现象,所以圆滑的外交辞令、外交手段也都很有必要。

婆媳关系自古以来就很复杂。随着女人的地位不断升高,婆媳之间的矛盾也随之升级。

### 婆媳关系是情感需求之争

婆媳关系的关键人物是形成这个关系的男人,怎样处理取决于这个男人的智慧。而这个男人怎样去听两个女人真正的心声很重要。

有一个婚姻治疗师这样说:"恋爱是两个人散打,婚姻则是两个家族的群殴,准确地说是一种迷你外交。"

婆媳关系多数人都会面对,困扰了很多人,让很多人不知所措。处理这个关系中的关键人物就是具有儿子和老公双重身份的人。两边都是爱,让人无所适从。妈妈看着那个原来都是腻在自己身边撒娇的儿子,现在那么宠爱地看着新婚的妻子,感觉自己没用了,不被儿子所依赖了,不舒服!妻子呢,看着老公在他妈妈面前那么唯唯诺诺,言听计从,尤其是涉及她的问题时,老公很难反驳,她也不舒服。时间久了,积怨深了,矛盾就不可避免了。

## 婆婆的心理

有一个婚姻治疗专家说得好:婆婆此时不仅在身体上、事业上、容貌上都处于下滑的阶段,而且还包括在情感上。婆婆要把自己心爱的、多年养育的儿子交给一个陌生的女人,她怎么会没有丝毫的触动?怎么会没有失落呢?

其实婆婆并不是在给儿媳妇示威,也不是在找儿媳妇的毛病,而是在考察儿媳妇是否能对她的儿子好,她的将来有没有依靠。如果能这样去考虑,儿媳妇就能理解婆婆的心思了。

作为儿媳妇,如果能够理解婆婆的心理,告诉婆婆:你将来会老有所养、老有所依的,让我们共同来爱这个男人。婆媳之间只要能相互理解、相互容纳,就没有什么可矛盾的了。

## 第六节
## 怎么处理失恋、离婚、出轨

婚姻，不光是找个爱人结婚那么简单，婚姻也需要经营，不仅要明白自己想要什么，还要懂得对方想要什么，才能把日子过得不给自己留下遗憾，也不给对方造成遗憾，这才是真正意义上的和谐与幸福。

人们常把婚姻比喻成围城、枷锁、坟墓，有位专家说，也好啊，至少不至于"死无葬身之地"！

还有专家说，婚姻更像是一双筷子，它使双方相互依偎，形影不离，尝尽人生百味，经历岁月风雨。

我们前面提到了不少心理学的原理、技巧和方法，相信会对你有所帮助。这里再提几个特殊情况的处理原则。

**对待不满的策略**

当亲密关系失去其价值的时候，人们往往采取以下四种不同的对待方式，这四种对策与人们对这种关系的满意与承诺水平有关，满意感越高、承诺越大则这种关系越难以终止。

（1）真诚：表现为被动地去弥合双方出现的裂痕，采用这种策略的人由于害怕对方的拒绝行为，所以很少说话，往往是耐心地等待、祈求，希望自己的真诚能使对方回心转意。

（2）忽视：这是许多男性经常采用的一种消极策略，他们会故意忽略对方，与对方在一起的时候，经常在一些与所探讨问题无关的话题上挑剔对方的缺点，这种策略经常被那些不知如何处理自己的消极情绪或不想改善但也不想终止这种关系的人使用。

（3）退出：当人们认为没有必要挽回这种关系的时候，人们常常用这种方式。它是一种主动的、破坏性的策略。

（4）表达：双方讨论所遇到的问题、寻求妥协并尽力维持亲密关系，这是一种主动的、建设性的方式。

## 失恋的平复——对丧失的处理过程

失恋最受伤的是那个"被分手者"，他（她）的受伤不仅是因为"被甩"，还因为在原本恋爱中已经感受到不协调，但自己还在纠结中，这种感觉却被对方提出来了！"要提出分手也应该是我而不是你呀！"——咽不下这口气。感到对不起这份付出、想讨个说法的不在少数。

我们国家比较缺少爱的教育，怎样建立一段亲密关系？怎样维护一段亲密关系？怎样给予爱？怎样接受爱？这都是爱的能力，对很多人来说是个难题，如果你通过这次恋爱能够让彼此共同成长，自己在爱的能力方面有所收获，能够用全新的面貌去迎接另一段感情，何尝不是一个很好的选择呢？

爱是一种给予，在给予的过程中我们体验到被需要的快乐，付出也就意味着获得。

爱过已经非常美好了！想想那个人曾经出现在你的生命里，曾经给你带来心跳、思念、牵挂等那么多很特别的感觉和情感，这已经非常美好，分手了也就好好地分手，从此各自开始新的人生，去遇到那个真正属于你的合适的人，也是一种美好，这才是爱，健康而成熟的爱。

如果让一个人不惜付出代价也要离开，不管过去曾经有过多美好的爱也都在分手的纠缠里被切割成碎片，不仅辜负了最初的爱，也糟蹋了自己的情感付出，才是真的不值得。

失恋，会有一种心痛的感觉，这是正常的反应。如果没有，说明你原来的感情就有问题，更应该分手。失恋的平复是需要时间的，每一个人都有自我修复的本能，关键是要给自己时间。当你很痛苦时，可以让自己专心地痛苦、流泪，没有必要回避。回避是一种负性强化。你越想忘掉的东西，越给你强烈的感受，这就是负强化。你每天给自己一个专门的时间去痛苦，在这个专属时间里，你什么都不干，就只去体会痛苦，感受痛苦。除了这个时间，你可以干其他任何一件事儿，只要不是伤害自己的就行。

慢慢地，你就平复过来了！你就走出了过去！

当你沉浸在自我、沉浸在过去里，你就永远走不出那个阴霾。从问题中解脱的唯一途径就是发现爱、相信爱、接受爱。

## 离婚的打击——重新找回自我

离不了的婚，多数有自己的利益，不一定就是经济利益，也可能还有名誉的利益、被人同情的利益等，但一定有既得利益，包括对孩子负责，也是为自己的名誉利益，获得同情。试想一下，如果一个家庭已经鸡犬不宁了，带给孩子的是什么呢？是对孩子负责吗？

离婚对当事人来说，往往是个不小的人生打击，并会在一定范围内产生震动。一个普通的离婚者，会从默默无闻，成为所在单位的"新闻人物"。另外，离婚不可避免地要影响到孩子，他们要承受家庭破碎的巨大痛苦和心灵创伤。婚姻破裂带给离婚者的，除了感情痛苦外，还有其必须面对"半个家"的现实，经济收入减少、家务劳动增加、又当爹又当娘。

在离婚的咨询案例中，有不少人，不管是男是女（当然女人占多数），经常纠结的问题是：我为这个家付出了那么多，我牺牲了自己的一切，到头来落得如此下场！

当沉溺在这种情绪中的求助者过来时，我会给时间让她（他）进行宣泄，然后我会问一声：究竟是为谁在活？自己最开心、快乐的事情是做什么？自己是谁？什么是家？很多人听到这样的问题愣住了！

很多离婚者其实很早就把自己丢弃，内心一直看不起自己，只是在用自己的行动和忙碌在遮掩内心的恐惧和孤独，平时很少能够把心里话说出来，只是在恐慌中难为自己。不是别人怎么了，而是自己内心深处一直有一个长不大的孩子在与自己挣扎。

在现实生活中，离婚后会有一段时间无法走出那个心理阴影，以下我提出一些建议供参考：

（1）诉说。在自己内心感到苦恼、哀怨时，可向自己的亲朋好友诉说，但最好是心理医生，他们的劝说、安慰、鼓励更专业，会帮助你调整认知，纾解情绪。

（2）读书。一方面可以汲取其中的精神力量，另一方面可从中获取社会实践中所学不到的东西。但要找积极乐观的作品，避开消极悲观的作品。

（3）多参加一些社会活动。把业余生活安排得紧凑一些，可以把心中的忧伤一点点地排泄出去，逐渐恢复良好的心境。

（4）想方设法开创自己的事业。一旦有了自己的事业，自然就不会将心思放在不快乐的事情上，当事业取得进步的时候，一切痛苦也将灰飞烟灭。

寻找心灵的支点，就算不为自己的离婚感到骄傲，也要从积极的方面看待它。

生活就像一本书，该掀过去的就不要再留恋，过去自己究竟经历过什么，受到怎样的委屈都不重要，重要的是当下自己怎么看，如何去面对和接受自己，而不是一直活在过去的阴霾里。

当事人需要给自己一些时间重新打理和认识自己，把自己找回来，能

## 第五篇 夫妻关系

够活出一个真实、阳光、自信的自己，而不是一味活在别人的眼里和困窘中。

人生最重要的是要有自己的支点。支点是什么？当你软弱时能让你刚强；当你要倒下去时能支住你；当你趴下时能把你拉起来；当你痛苦时能把你从泥沼中拉出来……支点可以是丈夫或妻子、可以是家、可以是孩子、可以是朋友、可以是事业、可以是爱好等。

无论男人还是女人，人生中都应该有多个支点。如果把自己的支点建立在唯一一个人身上，既是迷失了自己，也是他人的负担。

### 出轨的处理

曾经在一个油田基地，来了一个女工，向我咨询。

这是一个非常能干的妻子，勤劳踏实、吃苦耐劳。自结婚后，家里的一切家务全部由自己担当起来，小到洗衣做饭、买菜带孩子，大到换煤气罐，自己全部搞定，从不让丈夫为家务活烦心，而她的丈夫则过着衣来伸手、饭来张口的日子。她经常不断地在别人面前炫耀自己的老公有多幸福。

然而有一天，她又在炫耀时得到了一个似晴天霹雳的消息——丈夫在外面另有女人！更为让她愤怒的是，在家中油瓶子倒了都不扶一下的丈夫在另一个女人家中却常常抢着干这干那！

她的天空一下子塌了！她不明白，为什么这么幸福的丈夫在外面找女人？！她也不明白，为什么她把家务活都包了他却在外面帮别人干活？！她更不明白，丈夫为什么会喜欢那个除了撒娇发嗲以外什么都不会的女人？！

她极端地愤怒，闹过、吵过、打过……最终，丈夫为了孩子没有抛弃这个家，仍然每天回来吃饭睡觉，但明显地"身在曹营心在汉"，而稍有不顺就又跑到那个女人家里。

这个能干的妻子哭着、骂着，把这个故事讲完了。这样生活已经一年了，大家都尽量避免去触碰那些敏感话题。她明确表示不想离婚，不想便宜了那个女人，不想让自己的孩子看到爸爸住到别的女人家里。

这个妻子问我："明明是他不对，反倒害得我小心翼翼，我也想开了放他一马，但我自己心里过不去这个坎儿，我不知道我还应该怎么办？"

任何第三者，都绝对没有能力介入没有问题的家庭。介入的切入点，一般恰恰是夫妻关系中那个薄弱环节。

外遇这件事真正能够修成正果的寥寥无几，通常如果没有外力的推动绝大多数都会无疾而终，但往往被欺骗的那一方不愿意等待，会以各种各样的方式让外遇浮出水面并给予压力，企图用压力来逼迫外遇结束，实际上这时已经演变成了权力之争。

压力下的外遇双方因为受到了挑战都开始维护他们之间所谓的爱情，反而让一段插曲变成了婚姻主题。如果你觉察到丈夫有婚外情，要搁置一下，等一等，最好坦诚地把你内心的担忧告诉他，看看他的反应。

不管对方说什么，都要说服自己相信他。不要追查他的行踪，不要去翻他的东西，不要去查他的手机。婚外情有一个情感曲线，从邂逅、动情、蜜月、冷淡到分离，基本上一年左右就完成。

任何一方出轨被发现，如果不想放弃你们的婚姻，而且愿意原谅你的爱人，那么面对目前的问题，你可以和你的爱人站在一起来共同面对。所以我的建议是：

第一，除了接受，还是接受。

第二，寻找家庭关系中哪里出了问题。

我刚才提到的例子，诸如抱怨、愤怒、指责、抨击、战火升级，感觉得不到应有的爱，其实也是感情的薄弱环节，都可能成为第三者的切入点。

现在这个故事中的家庭问题出在哪儿了呢？

家庭角色中出现了问题。每一个家庭中，各自都有一个角色和价值，妻子有妻子的责任，丈夫有丈夫的义务，互相不能代替。婚姻中最糟糕的

第五篇　夫妻关系

莫过于你好心好意地把对方的责任和义务剥夺了，这也就意味着对方在这个家里的角色和价值消失了，他没有存在的意义了。想想啊，当这人的存在与否对这家庭没有影响的时候，当这个人在家中没有任何作用的时候，这相当于给了他一个被藐视的感觉，而男人的思维模式又以解决问题为导向，没有问题让他解决等于剥夺了他本能的权利，当碰到需要别人来解决问题的女人时让这位丈夫"英雄有了用武之地"。

第三，做出改变。

我已经感受到，你了解了上述知识、方法，开始要准备改变了。但是我要提醒你：一个人要想改变自己，一时可以做到，坚持一段时间就难了。除非你不想要这份婚姻，不然，你就咬咬牙坚持下去！

不要放弃！不要气馁！

婚姻从来就不是一条平静的路，会遇见风雨，也会遇到意外，你永远不知道等在前面的将是什么。两个人的关系，就有如他的右手握着你的左手，总有累的时候。这时候需要的不是放开对方的手，而是换成你的右手握着他的左手。感觉累了，出问题了，不一定只有离婚这一条路要走，可以调整自己，调整对方，这样两个人才可以走得更远。

趣味测试

## 生命中你最注重什么

在我们每个人的心中都有着自己有别于他人的价值观，都存着自己内心追求的梦想。只要心存梦想，心存希望，那么你的生命就会更加精彩。去追寻你的生命价值吧，只要它能给你带来快乐，对社会有益，你就可以努力去实现它。

荣耀、金钱、地位、家庭、感情……哪个是你在这个世界上获得幸福的种子？不同的人有不同的答案。对你来说，最注重的是什么呢？

### 测试题

有一天，你忽然得到一种魔法，这种魔法可以使你变身成为一种动物，那么你希望变成哪种动物呢？

A. 鸟　　　　　B. 猪　　　　　C. 鹿
D. 狗　　　　　E. 牛　　　　　F. 马

### 结果分析

选A：生命中，你最注重爱情。你追求一段完美的爱情，你认为人生就是因为有爱情，所以才显得多姿多彩。

选B：生命中，你最注重金钱。你觉得有钱便能拥有一切，所以你总是卖力地赚钱、存钱，希望有朝一日能成为大富翁。有钱能使鬼推磨的观念深植你心。

选C：生命中，你最注重名誉。你认为失去了名誉，就没有活在世上的价值了，所以平常的你总是谨言慎行，希望留给别人好印象。

选D：生命中，你最注重休闲快乐。你认为人生苦短，不必辛苦地去追求一些事物，悠闲地生活，最令你感到快乐，也可以说你是最典型的现代人。

选E：生命中，你最注重家庭。你的家庭观念很重，心中期待的是父母的健康、兄弟姐妹的和睦，甚至日后的夫妻、子女问题都是你最关心的。

选F：生命中，你最注重学业和工作。为了得到好成绩，你总是投入很多时间在书本或工作上，与其说你是工作狂，不如说你有一颗不认输的心，也可以说你是个有上进心的人。

第五篇 夫妻关系

更多精彩内容请扫码观看视频

# 第六篇　亲子教育

孩子是一本书，父母既是这本书的责任编辑，又是这本书的忠实读者。在本篇中，我把员工经常找我咨询的父母教育子女的烦恼、纠结与"挣扎"汇集起来，用心理学原理讲述及解释孩子的行为和家长的不安，为家长们提供一些有针对性好操作的解决方案，让家长们学会怎样应对相似的情景。

第六篇　亲子教育

## / 第一节 /
## 洞悉孩子情感的潜台词

孩子从少儿时期起，就开始对自己的情绪感兴趣了。家长要帮助孩子认识各种各样的情绪，并进一步学会恰当地表达情绪，学会正确发泄情绪的方法。

家长可以告诉孩子，每个人都会产生情绪，情绪是没有好坏之分的，它们只是人面对一些事情时自然而然产生的心理反应。人的情绪是需要发泄的，孩子也不例外，因此，一定不要因为我们的行为使孩子压抑自己的情绪，但也要教给孩子情绪是需要调控的。

我们是否经常会在大街上、商场里看到这样的现象：孩子在哭闹，有的家长就打骂孩子，可基本上不奏效，孩子哭闹得更厉害了；或者打骂暂时能够制止孩子的哭闹行为，但对孩子产生了很大的负面影响——孩子学会了压抑自己的情绪。长此以往，孩子的情绪长时间得不到发泄，就会使心理扭曲、变形，影响心理健康。

上面提到的孩子哭闹，大多数是因为孩子想要某一样东西。当孩子因为没有得到想吃的零食或想要的玩具而哭闹或者乱摔东西时，家长可以这样告诉孩子："我知道你很想吃那些零食，很想要那些玩具，在合适的时候我会买一些给你吃，也会买一些给你玩儿。当我得不到我想要的东西时，我也会愤怒，但我不会因为愤怒而摔东西，因为乱摔东西是不对的。"这样既使孩子懂得了不良情绪是允许存在的，又使孩子懂得了如何正确地表达自己的情绪。

孩子们在成长的过程中会遇到许许多多他们第一次遇到的问题，这些问题当中，有些可以凭借孩子自己的能力跨越过去，可是也有许多问题就必须要得到爸爸妈妈的支持和帮助才可以跨越过去。

在生活中，很多情况下孩子自己无法准确表达成长中的困惑与难题，当孩子不知道怎么处理问题时，多数以情绪的形式表现出来，换句话说，孩子的情绪是表面的，你一定要想办法通过孩子的感受来了解他面临的问题与困惑。

## 帮助孩子面对他们的感受

如何面对孩子的负面感受？很简单，接受！

我们和孩子是完全不同的个体，不能用我们的感受代替孩子的感受。我记得有一次看杨澜的访谈节目，也提到了自己的感受和孩子的感受差异。她说，她每天都陪着儿子看动画片，每次也都跟着哈哈大笑。有一天他的儿子很认真地跟她说：妈妈！我决定不再陪着你看这么幼稚的动画片了！杨澜大跌眼镜：谁陪谁啊？！其实大人的感受和孩子的感受是不同的！

如果你在还没有接受孩子的感受之前就去谈其他，效果极差，因为孩子可能还没调整过来，还纠结在自己的情绪当中。当孩子的感受被接纳了，他才能开始集中精力改变自己的情绪。感受也没有对错之分，所有的感受都是应该被接纳的。

帮助孩子面对他们的感受有以下四个技巧。

### （一）全神贯注地倾听

大人嘴上说在听，其实心不在焉，这会让孩子感到气馁。比较好的办法是看着孩子用心去听孩子把话讲完。

如果你真正倾听了孩子的叙述，孩子就能比较容易地表达他们面临的困境。有时候，我们甚至什么都不用说，孩子需要的是我们能与他们产生共鸣，这就够了。

孩子所表达的、所困惑的，有时因为知识不够的原因、表达能力没有达到的关系，能说出来的不是他真正想要说的含义，所以在孩子面前也要注意"听话听音儿"层面的问题。

有一个小朋友，从幼儿园回来的路上跟接他的爸爸说："爸爸，今天我们看了小朋友被遗弃的故事，老师教给我们小朋友一个道理——要互相关心！""哦！"爸爸感觉孩子不像平时那么高兴。回到家，小朋友问爸爸：我们这个城市有多少孩子被遗弃呀？爸爸松了一口气：原来在琢磨这事儿呢！就很快上网给孩子查了一下，在这样的城市里、这样的生活水平，大概的弃婴率和人口数，算出来可能会有多少孩子被遗弃。孩子接着又问："那我们这个国家能有多少小朋友被遗弃呀？"爸爸又算出来一个数。小朋友还问："那我们这个地球有多少小朋友被遗弃呀？"爸爸愣了愣，把孩子抱了起来放在了自己的怀里，告诉孩子："宝贝儿，不管这个世界上有多少孩子被遗弃，不管这个国家有多少孩子被遗弃，不管这个城市有多少孩子被遗弃，那都不会是你，你是爸爸妈妈的最爱！爸爸妈妈永远都不会遗弃你！"话刚说到这儿，小朋友欢呼雀跃起来！啊哦！玩儿去喽！

这个爸爸正是因为全神贯注倾听孩子的话，才理解了孩子的内心感受，帮助孩子解决了问题。

## （二）回应他们的感受

用关心的态度，用"嗯……""哦……""是这样的啊……"这样简单的话来回应孩子，孩子就能得到鼓励把感受说出来，也能在叙述的过程中，整理自己的思路和感受，也许就有可能自己找到解决问题的办法了。以下我们看看两种回应的不同效果。

第一种：

孩子："妈妈，有人偷了我的新铅笔。"

妈妈："你确认不是自己弄丢的？"

孩子："没有，我去洗手间的时候，它还在课桌上呢！"

妈妈："谁让你乱丢东西的？！你怎么总是这样？你这不是第一次了，告诉过你多少遍了，东西要放在课桌里，你就是不听！"

孩子马上脾气上来了："别烦我了！"

第二种：

孩子："妈妈，有人偷了我的新铅笔。"

妈妈："哦？"（看着孩子）

孩子："我去洗手间的时候，它还在课桌上呢！"

妈妈："嗯！"（还是看着孩子）

孩子："啊呀！已经第三次丢铅笔了。"

妈妈："噢！"（仍然看着孩子，给予鼓励的样子）

孩子："从现在起，我离开座位的时候把铅笔放回课桌里就不会丢了。"

妈妈："是这样的啊！"（甚至可以给孩子一个吻或者拥抱）

孩子："这样就太好了！"

你会发现，当孩子被提问、责怪、建议的时候很难有清晰的思路和积极的态度去想问题。所以，用回应他们的感受来代替提问和建议，是比较好的办法。

## （三）对孩子的感受做恰当表达

有时候孩子的感受家长也能了解，但家长们跳过了恰当表达这个环节，因为家长们担心说出孩子的感受会让孩子更难受。其实相反，当孩子听到这些话时，心里会感到安慰，会感觉到有人能理解他们内心的感受，他知道产生这种情绪是谁都会有的，他就不会感到不安了！

我们还是来举例比较一下：

孩子："我那只兔子今天早上死了。"

家长："别难过，宝贝。"

孩子："哇！……"

家长："别哭了，不就是只兔子吗。"

孩子："哇！……哇！……"

家长："别哭！我再给你买一个。"

孩子："我就要这只兔子……"

家长："你真是无理取闹！"

奇怪的是，我们越是想让孩子摆脱不好的感受，不管我们的态度多好，孩子也只会更难过。

我们换一种表达方式可能会更好一些：

孩子："我那只兔子今天早上死了。"

家长："哦，是吗？真没想到。"

孩子："我还教它玩跳高呢。"

家长："你们在一起挺开心的。"

孩子："它是我的好朋友。"

家长："失去朋友当然挺难过的。"

孩子："我还每天给它喂食呢。"

家长："你真是挺关心那只兔子的。"

我们用恰当的方法是要用说出孩子的感受来替代否定孩子的感受。

## （四）用幻想的方式实现他们的愿望

当孩子想要一样我们没有的东西的时候，家长往往给孩子解释为什么没有。但常常是我们越解释，孩子越不听。

我再用一个例子进行说明：

孩子："我要一个隔壁小朋友的玩具！"

家长："家里没有啊，宝贝。"

孩子："不！"

家长："你可以玩这个玩具啊。"

孩子："我就要！我就要！"

家长："我告诉过你咱家没有！"

孩子："哇！"

家长："你怎么这么不懂事！"

我推荐这样跟孩子交流：

孩子："我要一个隔壁小朋友的玩具！"

家长："家里没有啊，宝贝。"

孩子："不！"

家长："你可以玩这个玩具啊。"

孩子："我就要！我就要！"

家长："听得出你很想要那个玩具。我真希望现在就能有。我真希望能给你变出一个来。"

孩子："那……我就玩这个玩具吧。"

家长："好啊！"

有时候，孩子对某种东西的渴望心情一旦得到了家长的理解，他们反而比较容易接受现实，比逻辑解释更有效果。

其实比语言的技巧更关键的是我们的态度。如果我们没有真正和孩子产生共情，无论我们说什么，在孩子眼里都是虚伪的，都是想对他们进行操控。只有我们真正与孩子有了共情，才会打动孩子的内心。

四个技巧中，最难的恐怕是倾听孩子情绪的宣泄，并说出他们的感受。这需要我们不断地练习，才能从孩子的叙述中确定他的真实感受。

## 孩子的任性、发脾气是一种心理需求

我们刚才提到,生活中可以经常见到一些孩子,为达到某种目的特别任性,有时甚至会因此哭闹不止,把家长搞得筋疲力尽仍不罢休。为此,家长只得退让,或者听之任之。而有的人却把这种任性归咎于独生子女被娇惯所致。这些评判和做法都是错误的。

这种任性,实质上是一种与家长对抗的逆反心理,其根源在于家长初始没有重视他们的心理需求。

孩子这样的情绪现象是有心理学意义的:一方面他要随心所欲、自行其是,不愿意再受父母管辖;另一方面他又想继续依赖父母,恐惧父母离开自己。这是一种双向冲突,孩子出现情绪不稳、发脾气意味着一种对父母的关系控制。孩子乱发脾气是他不知道该如何表达他的情绪,当他发脾气时,感觉对父母牵制比较大,于是他就接着这样干,并乐此不疲。

对策是告诉孩子发脾气是一种生气、一种愤怒情绪的暴露,还有告诉他生气的时候内心也会很难过,一点都不好受,这个过程是"识别"。静静地,甚至可以微笑地着看他发一会儿脾气,最多两三分钟情绪就会结束。情绪的结束往往带来疲惫,那就告诉他发脾气可以不那么久,爸爸妈妈听你嚷一句就知道你要什么了,生气过头人就没有精神了。这个过程是"鼓励情绪节制"。

然后帮他分析生气的原因是什么。比如:想要什么东西却未能如愿,是愿望没有满足;必须按时起床吃饭,按时上学,按时交作业,这是遭受一种限制;喜欢的电视节目停播,没人陪他玩或大人只顾自己的事,这是失去了某种快乐;搭积木失败、做什么事情没有成功等,这是遭受挫败。

让孩子把发脾气和可能的原因结合起来,这个过程叫"分析",对孩子说哪些情况下发脾气是可以的,哪些情况下发脾气也没有用。尤其要跟孩子说在某些情况下,如果不发脾气,好好说,愿望更容易实现,这个过程是"选择"。最后，父母要示范给孩子看，如何合适地表达愤怒，这个过程叫"管理"。

对经常乱发脾气的孩子，仅这样做还不够，孩子一般是习惯了通过发脾气来获益的，所以当孩子发脾气时，妈妈就走开，干自己的事。等孩子发完脾气后装着什么都没有发生，更不要批评他，因为在某些时候，批评也是一种亲密获益。当孩子态度和蔼地要求什么，妈妈应立即满足，哪怕要求稍有些过分，为了抑制他的脾气也要满足，让孩子觉得好好说话更能实现理想，这个过程叫"消退"。

说出孩子的内心感受非常重要。一旦孩子知道他们正在经历什么样的感受、了解到谁遇到相似的情景都会有这种感受时，孩子便能开始着手自己帮助自己了。

这些做法对孩子的成长，比我们给他任何抽象的说教都有效。

家庭是孩子教育最好的切入点，每个人的自尊、自信以及未来多方面的能力，比如人际交往能力、工作能力、学习能力及生活能力的成长，都和家庭有密不可分的联系。

有研究表明，好的家庭氛围可以帮助孩子屏蔽掉外界至少 80% 的不良伤害，对孩子的健康成长起着举足轻重的作用。

孩子的未来掌握在我们手中！

## / 第二节 /
## 调皮、活泼的孩子不一定患了多动症

数年前，我在出门诊或到外地会诊的时候，经常有孩子家长找来，目的是要给孩子开一个诊断证明，诊断什么呢？——"多动症"。我一般都会

拒绝，因为孩子不是多动症。有的家长会软磨硬泡，央求我给予诊断，不然老师跟孩子过不去！我告诉家长："开一张诊断证明很简单，你接下来面临的就是放弃，因为从此你的孩子就戴上了这个帽子，他永远都不会走出这个阴影，他会不断地在这个'诊断'的庇护下姑息自己，同时他还会采取退缩、回避、不思进取、自暴自弃的方法来面对一切困难，因为他'有病'啊！你们愿意放弃你们的孩子吗？"这时家长们才恍然大悟！在说服家长的同时，我接下来就是告诉家长，需要做什么，怎么做。

最近几年，这样的诊断要求不再有了，老师、家长及社会各界，逐渐认识到以学生成绩考核老师绩效标准的方式对孩子成长的弊端，社会的整体认知水平在提高。

### 如何区别孩子是多动还是好动

天性活泼好动与"多动"是有区别的。那么，父母该如何区别孩子是多动还是好动呢？

活泼好动的孩子在听故事、做游戏、看动画片或干自己喜欢的事情时，能专心致志地做很长时间，比如一般一个6岁的孩子在看动画片或者做任何一件他喜欢的事情时能专心致志地把注意力维持在20分钟以上，就不能诊断患有多动症。如果这个年龄段的孩子做任何事情都不能持续10分钟，父母就要向儿童心理医生做相应的咨询了。

不同的多动症儿童有不同的症状，一般有四大特点：

（1）注意缺陷：不能专心致志地做一件事，容易被外界不相干的事物或无关的刺激干扰；上课容易分心，心不在焉，似听非听；易遗忘日常活动；经常做事粗心或拖拉。

（2）在应安静的场合活动过多：无目的性，动作花样频繁，做事常半途而废，有始无终，丢三落四；即便是看电视、听故事、学歌谣，也会小动作不停，屁股在椅子上扭来扭去，一副心不在焉的样子；一会儿就走神儿、动动这儿、看看那儿、出点怪声儿或从位子上站起来在教室里无目的地溜达一圈；话多，插嘴，过度喧闹。

（3）冲动性：情绪不稳，易激惹，自我控制能力差，遇到一点困难就放弃或发脾气，跟小朋友在一起也是说翻脸就翻脸；行为冲动，不顾后果，常招惹周围的小朋友，给老师和父母带来麻烦，对批评置若罔闻、屡教不改；不守纪律，没有规则，他提出的要求必须立刻得到满足，否则就大喊大闹。

（4）做事显得笨手笨脚，精细度和协调性差，比如穿衣服、扣纽扣和系鞋带时动作缓慢且容易出错；走平衡木容易摔下来，走路摇摆不成直线；做操跟不上节拍或做错。

一般来说，多动症儿童的智商并不低，但其中多数孩子学习困难、做事马虎，这主要是由于注意力集中的时间比同龄的孩子短所致。

多动症的发病原因不明。目前西医倾向于与遗传因素、脑神经递质代谢、轻微脑组织损伤、环境因素、心理因素、社会因素等有关；中医则认为是先天禀赋不足、后天失养所致，但至今没有定论。

关于多动症的诊断、治疗和家庭教育，建议找专科医生，进一步对孩子进行个体化的诊治指导。

调皮好动的孩子有什么特点呢？

大多数幼儿在一定时期内会表现出注意力不集中、活动频繁、目的性不专一的状况，尤其悟性强、理解问题快的孩子，这种表现更为突出。对此，家长要施加一些积极的心理影响，帮助孩子培养良好的习惯，避免养成这些不良习惯，否则上学以后，就会与学习产生矛盾，加重学业负担。

不能持久地做一种游戏，常是家长随他的注意力转移而迁就的结果。如果孩子不能对某一件事持续注意一段时间，半途而废，家长就坚决地孤立他，让他意识到这样做是不受欢迎的，慢慢地孩子会对自己的行为产生正确的指向。比如，家长正陪孩子搭积木，刚玩一会儿，孩子又要去骑车

第六篇　亲子教育

子。此时家长可以表现出对玩积木仍有浓厚的兴趣，提出一些新想法来吸引他，对骑车的事好像没听到一样。如果你答应了他，还为他搬车，这样，他骑不了几圈，也许又要干别的去了。假如孩子非去不可，也要强令他收拾好积木才可转入其他游戏，使孩子形成做完一件事再做另一件事的心理导向。这样，无形中孩子在一个游戏、一件事上的注意力就会逐渐延长，慢慢就会自动地保持注意力集中的时间。

对孩子的情绪，家长也应进行适当的调控。仍以搭积木为例，由于孩子对事物认识的局限性及身体协调能力的不成熟，往往还没有搭出他想要的模型就散了架，因而发脾气，甩手不干。家长应教给他一些基本的搭建方法，帮助孩子搭成他想要的模型，让孩子觉得游戏有趣，通过自己的努力就能成功，孩子的情绪就会慢慢好转，对训练注意力集中也大有好处。

调皮好动是幼儿的天性，动是孩子探索世界的表现。只要把好动引到正确的方向，孩子的缺点就会成为优点，使他的一生受益无穷。

我听到不少员工抱怨孩子把家里买的什么东西给拆坏了，把好好的东西给"祸害"了，这就是孩子探索的表现，说明孩子有探索世界的好奇心，应该及时鼓励，加以诱导，孩子的创造性就不会被磨灭。

我们可以这样教孩子：你对这个东西感兴趣，想拆开看看，想法很好啊！关键是原来的方法不对，你其实可以有一个顺序，把第一个拆下来的零件放在这里，紧挨着放第二个拆下来的零件，接下来是第三个……依次放好，你再安装回去的时候不就没有问题了吗？

当孩子有了恰当的方法，他的探索欲望会有所满足，对孩子的自信心、成就感以及注意力集中、情绪控制都有良好的作用。

我还想借着多动症这个话题，谈谈不给家长开证明的原因——不能给孩子随意贴上负性标签。

## 心理学的标签效应

当一个人被一种词语名称贴上标签时,他就会做出自我印象管理,使自己的行为与所贴的标签内容相一致,或者说人们一旦被贴上某种标签,就会成为标签所标定的人,这种现象是由于贴上标签后人的心理规律引起的,所以称为"标签效应"。

有媒体披露:截至20世纪末,中国现有的3亿学生中,被全国各类学校划入"差生"行列的学生达到5000万人,相当于1个法国、10个瑞士、100个卢森堡的人口!这个惊人的数字对当下的中国教育来说意味着什么呢?

一张白纸,可以画最新最美的图画——每一个健康、天真无邪、可爱活泼的孩子降生于人世何尝不是一张白纸,一张原本都可以画成最新最美的图画的白纸?遗憾的是,在一些地域,家长或老师给我们原本健康快乐的孩子的心灵图画涂上了阴暗的、消极的一笔,这一笔足以影响孩子的一生。

当一个孩子老是被家长说成"笨孩子",被老师说成"差生",他肯定会对自己的能力产生怀疑,进而对自己失去信心。如果这个"标签"在孩子的自我认同建立时期就给贴上了,毁掉的将是孩子的整个人生!

这就是我要给家长们的忠告:不要轻易给孩子贴上负性标签!

在青海油田花土沟生产基地,一个厂长的妻子是地方小学的老师,他们自己的孩子也在妻子任教的小学就读。厂长的妻子经常跟厂长念叨:又有哪个老师说石油人的孩子就是不争气啦!厂长的妻子听了很难受,厂长心里也难受。一方面觉得老师对这些孩子有偏见,另一方面也觉得石油人的孩子应该争口气——恨铁不成钢。

我对这类事情是这样分析理解的:就像医疗行业普遍处于被动局面,许多人对社会医疗保险制度的不满、对管理部门不作为的愤怒、对自己收

第六篇 亲子教育

入不理想的抱怨，无奈统统发泄到医院里一样，石油行业的形象也在遭受着这样那样的抨击和曲解。社会上有些人把汽油涨价、股票下跌的责任都怪罪到石油人头上，他们的孩子也被冠以各种各样的不良评价。另外，许多石油子女们从小的生长环境就很偏僻，受教育水平也确实差，孩子们还经常被送到爷爷家或姥姥家，学习水平也会或多或少受到影响。但是，我们也有很多孩子相当出色，有很多石油子女考上北大、清华等名牌大学，所以地方的老师对石油子弟评价也有以偏概全、失之偏颇的倾向。这个负性标签会影响到孩子的成长，家长们不可忽视。

我虽这么分析，但闻听此言也常常会有一些冲动，想放下手里的全部工作去指导家长，教给孩子怎样应对这类问题。

有一个母亲，为了减少外界给孩子负性标签的影响，是这样和她的儿子沟通的。

她参加幼儿园的家长会，老师告诉她：你儿子有多动症，在凳子上连三分钟也坐不了。在回家的路上，儿子问：老师说我什么？母亲鼻子一酸，差点哭了，她忍着说：宝宝，老师表扬你了，原来你在凳子上坐不了一分钟，现在能够坐三分钟了，别的孩子的妈妈特别羡慕我，因为全班的孩子中，只有宝宝你进步了！当天晚上孩子破天荒地吃了两碗饭。上小学的时候，母亲去开家长会，老师说：全班50人，你儿子数学成绩排第49，倒数第二，怀疑他有智力问题，你最好带他到医院检查一下。在路上母亲哭了，回到家里看到儿子诚惶诚恐的样子，母亲说：老师对你充满了信心，只要你细心，你会超过同桌的！第二天儿子上学比每天起得都早。上初中的时候，母亲开家长会，老师对她说：按照你儿子的成绩，考重点高中够呛。母亲回来对儿子说：老师对你挺满意的，只要你努力，很有希望考上重点高中。

这是一个聪明的母亲，她不断地鼓励孩子，给孩子以向上的力量，在她的鼓励下，这个孩子后来考上了清华大学。当孩子拿着清华大学的通知

·229·

书来到妈妈面前的时候，孩子眼泪夺眶而出，说：妈妈，我知道老师没有看好我，我知道这么多年来您坚持不懈地给予我鼓励、支持。是您的不放弃，才使我自己也不放弃，才使我有勇气继续努力！这一切都是妈妈您的功劳啊！

对孩子要全身心接纳，无条件地爱，要把对孩子的爱跟对他行为的评价分离开来。好的亲子教育就是爱，你不放弃他，孩子也不会放弃自己。

## / 第三节 /
## 当"青春期"遇到"更年期"

青春期是指12～24岁，更年期大概在40～60岁。受社会各方面发展变化的影响，现在的孩子青春期普遍提前，加之越来越多的夫妇实行晚婚晚育，因此，当孩子进入"青春期"后，母亲也多是40岁左右的中年妇女，开始进入医学意义上的"更年期"。

青春期与更年期有许多相似的地方。一个是处在生理上的成长期，一个是处在衰退期，都属于人的生命过程中不十分稳定的阶段。青春期，叛逆，自我。更年期，烦躁，易怒。当"青春期"遭遇"更年期"，就成为一个很棘手的问题。这个时期的母女不和、母子不睦，成为很多家庭中存在的问题（男性的更年期来得较晚，不容易与孩子的青春期相冲突）。

社会越来越多元复杂，使孩子得到更丰富资源的同时，也带来更多的危险。家庭不再是一个封闭的系统，而是变得更加开放，父母对孩子的影响也因此不断下降。父母们都很担心孩子长大了是否像自己所想的那么好，现在青少年的问题变化快，花样多，就更加让父母出现普遍性的教育焦虑。

过去孩子的问题多为早恋、打架、偶像崇拜等,现在则添加了网络成瘾、手机依赖、赌球、性安全、恶搞玩具、个性化生活等众多花样。

现实社会中的父母,常常有如此困惑:"谁在影响孩子的未来?""在孩子的成长过程中,家长应该扮演什么角色?""我怎样才能把孩子教育成为一个有用人才?"

心理学的结论是:家长是孩子重要的教育资源,是孩子人生的设计师,学校仅能给孩子提供知识、技能和能力,而家庭为孩子提供了人性、情感、自尊、自信、品位、视野、生涯规划等,家庭比学校更能决定孩子将来是否成功。

## 关键在于家长怎么引导

苏芮和潘玮柏合唱的一首歌叫《我想更懂你》可以准确地表达出这种状态:每次我想更懂你我们却更有距离,是不是都用错言语也用错了表情;其实我想更懂你不是为了抓紧你,我只是怕你会忘记有人永远爱着你。

父母眼中的世界跟孩子眼中的世界相差甚远,快速发展的社会又是那么瞬息万变,近十年世界的变化胜过了我们过去的几十年。青少年既精力充沛、富于创造力和梦想,又追求独立、反抗权威,以自我为中心。而更年期时的妈妈,生理、心理方面都会发生相应的变化,往往会产生消极、抑郁、沮丧、忧虑等情绪。

父母和孩子矛盾尖锐,主要是缺少沟通。不知道如何处理亲子关系的家庭往往在这个时期会变得狼烟四起、烟雾弥漫,小到唇枪舌剑,大到家庭冷战,更有甚者,来了个家庭拉锯战——孩子离家出走,家长后面紧急追寻,这使孩子和家长都非常受伤,使得心灵得不到片刻的安宁。

我们再来看几个身边发生的故事:

"哈韩男孩"与妈妈的战争:一个刚上高中的男孩儿,上高中以后对韩国影星出奇地关注,是一个典型的"哈韩男生"。妈妈说:这样不好,这是学坏，你要听妈妈的。而孩子反而把头发染成彩色的，裤腿改得大大的，出门进门都是一句"阿尼阿塞呦"，张口闭口都是"看人家韩国……"妈妈这个气呀，听到这些话就想给他一巴掌！问题是：妈妈越生气孩子就越来劲儿！

"出走女孩儿"与父母的较量：有一个高二的女生，爸爸在工程现场做管理工作。妈妈自己开了家美容店，招了几个美容师，每天自己打理。父母亲给予孩子"无限的爱"——从来不吝惜花钱，只要女儿张口，要什么给什么。女儿谈了个"男朋友"，妈妈说："行啊，只要你喜欢。"直到有一天，妈妈发现很晚了女儿还没回来，到女儿房间，才发现桌上留了张字条："爸爸妈妈，你们继续给我的钱我不需要了！"妈妈吓坏了！赶快给爸爸打电话，第二天爸爸从工地火速飞回。两天后，女儿自己回到了家里。终于心里石头落地的父母不敢打骂孩子，小心翼翼地关注孩子有没有受到伤害。还没过几天，父母刚以为一切如常了，女儿又提出来要辍学开个小服装店，让家长给准备资金。

"唱歌男孩儿"和家人的抗衡：一个男孩儿，因为唱歌很好，读高三时萌发了想考影视艺术学院的想法，并为此耽误了学业。家人都认为现在演员的光环那么吸引人，导致竞争相当厉害，家中又没有人能帮得上忙，所以也不可能考上，建议他不要分心，不如好好准备高考。谁知这么分析没有起到说服的作用，反而更激发了他考艺术院校的决心，更加一门心思把时间花在唱歌上了，该读的书不读了，该上的课不上了。全家人都急得饭吃不香、觉睡不着。

"哈韩男孩儿"的问题焦点在于他要独立，要有自己的意愿，要通过表现出自己的时尚而反衬出家长的落伍，这样，自我价值得到了体现。他的妈妈来找我时，我们共同分析原因：一是要接受这个落差，承认确实家长有些落伍；二是努力了解一些时尚新潮的语言；三是可以看看韩剧。这个妈妈从那时就开始看韩剧，慢慢地也学会几句韩语，也对韩国影星评头论

第六篇 亲子教育

足了,有时候还跟着韩剧里的情景哭得稀里哗啦的。渐渐地,她发现孩子不"哈韩"了。其实,过了特定时期,孩子的逆反和抵触就小多了。

"出走女孩儿"的问题焦点在于她要体现她在家人心目中的价值,她不是附属品,不是宠物,不是吃饱穿暖就可以无所求,她是一个活生生的孩子,需要大人感受着她的感受、痛苦着她的痛苦、快乐着她的快乐。她来跟我讲述的时候,用了很多词,中心意思是"我很羡慕别人的爸爸妈妈,哪怕吃糠咽菜、哪怕打骂、哪怕没有名牌衣物,我都愿意住到他们家里去,因为他们把我当成孩子,他们的注意力在孩子身上。"

"唱歌男孩儿"有一个美好的梦想,希望自己的长处被人们认可,自己的价值得到体现。这个年龄段的孩子还没有判断外界环境的能力,需要通过一系列的活动去探究。我给孩子家长的建议是:如果家庭条件许可,应该带孩子去尝试一下,这既可以让孩子对自己有一个恰当的认识,也是了解社会的一个好机会。与其在家里强迫孩子读书,还不如让孩子出去看看,也许他能了解"山外有山、天外有天",从而对自己有所激励,也许我们并不知道孩子的真正潜力。当他真正了解自己在这个圈子中、行当中的不足时,他会面对现实,专心致志地做自己应该做的事。如果强迫他服从,不但伤了孩子的自尊心,孩子也会因为不甘心,放弃该做的事,还影响了和家人的关系。

自尊心是孩子精神人格的脊梁,如果孩子没有建立起自尊心,他就不会在意别人怎样看他,不懂如何去理解别人,不会用心去研究人们的行为规则,也就不会寻求别人的尊重和认可,由此也就没有了上进心。

帮助孩子建立自尊心的最好方法是尊重孩子,把孩子当作和自己完全平等的人来对待。父母尊重孩子,孩子就会尊重自己,进而也会尊重别人。帮助孩子建立自尊心的第二个重要方法是无条件地爱孩子,这样孩子的自我价值就会上升,开始感觉自己很好,进而产生寻求更好的动力。

帮孩子建立安全感和自我价值,无条件地接纳孩子还意味着向孩子表

· 233 ·

达你的爱，让他们懂得，不论他们的行为如何，不论他们犯了多大的错误，遭受多大的失败，父母的爱永不离开。

## 正确理解孩子的"早恋"

家长如果发现孩子"早恋"了，不要忙着去制止，先观察孩子一两周的学习状况，再决定是否要进行干预。如果决定要干预，父母要商量一下，必要时还可以演一出双簧戏。父母可以故意去欣赏孩子的选择，说："有眼光，那是很不错的女孩啊！你要珍惜她哟！要好好学习让她保持对你的欣赏哦！"这是一种资源趋向，凡事先看到好处，故意夸大好处来引发孩子从"早恋"中获益。对女孩，父母也可以说："那男孩看起来比我们的女儿聪明哟，要追上我们这样骄傲的小公主，不耍点聪明肯定是不可以的。"激发女儿对男孩的幼稚敏感，从"早恋"的混乱中清醒（同年龄的男孩普遍比女孩晚熟）。把"早恋"当一种积极的事情来暗示，也是让孩子利用"早恋"的情感来获得学习进步和心理健康发展的资源。

如果我们觉得孩子产生了"早恋"情感，学习一定要垮下来，这个先入为主的观念往往会毁了亲子间的交流，也干扰了孩子的内心秩序，自然会危及学习。当然，每个"早恋"开始的时候，孩子学习都会出现波动，往什么方向引导就是父母要承担的责任，父母一定不要想当然地把成人的恋爱与孩子的"早恋"画等号。其实，孩子的"早恋"很像是自我认同，是挣脱自恋（喜欢不同性格的人），或寻找自恋（喜欢相同性格的人）的心理游戏，性欲的成分很少。一般初中生的"早恋"是过家家，小孩子的玩意儿，不爱也不恋。高中生的"早恋"是寻找学习压力的缓冲、青春期反叛、自爱体验的混合物，实质是把对同性接触的依恋经验转移到异性接触中，只恋不爱。家长要不断地淡化孩子"早恋"中爱的意味，增加友谊或情谊的味道。

"早恋"有时也是一种资源，或者说经历也是一笔财富。不少有"早

恋"倾向的孩子学习很好，两个人互相鼓励、促进，后来都考上了好大学。为什么会这样？因为紧张的学习会给孩子带来很大的心理压力，孩子总需要寻找某种发泄情绪的方式，比如上网、游戏、运动、交友等。游戏和上网容易让孩子上瘾，所以不是好的选择，如果交朋友交得有节制，应该是不错的选择。往往孩子都这样，父母怎么纠正其某个习惯都无效，朋友稍加指出，立即就改了。交朋友是孩子走向社会认同、心理社会化的重要阶段，交男女朋友，同样也是孩子性心理发展的重要阶段。十六岁以上的孩子，从心理发展需要看，应当鼓励孩子交异性朋友。孩子如果交了一个来自和睦家庭且学习好的孩子，"早恋"并不会影响学习，有时还会促进学习。危险在于，不能交坏朋友，如果孩子交了社会上不爱学习的朋友，无一例外，学习都会变得退步起来。"早恋"交什么样的朋友比"早恋"本身更值得家长关注。

先认同孩子，孩子的防御就减轻，家长更容易观察到孩子的变化，也能及时给予干预。

心理学有一个常用方法叫"暗示"。方法之一是淡化恋爱的重要性，装作会算命的样子开玩笑地说："哎呀！你命中注定这一生会有五次恋爱的，真正的那次恋爱是在二十五岁呀。"这是一种暗示，让孩子被"早恋"限制了的感觉扩展到未来，孩子想到这次恋爱并不是她/他爱情的全部，就会重新去考虑自己当前的利益。

心理咨询师对不同的情景会有不同的心理策略，束手无策的父母可以寻求心理咨询师的帮助。

**教育要考虑价值观的差异**

对于孩子来说，父母是个未知世界；对于父母来说，孩子也是个难懂的世界。爸爸妈妈现在经常感到特别困惑的就是能跟孩子沟通的共同语言越来越少。

有个妈妈讲过这样的故事,她的女儿上初中,爱吃、爱喝、爱打扮,就是不爱学习。于是她狠了狠心,买了两张《白毛女》芭蕾舞剧票,每张要400元,陪着女儿去看。看完了问女儿受到什么教育。女儿想都没想就说:我看呀,喜儿的悲剧,是她爸杨白劳给逼的,杨白劳借了黄世仁的钱干吗不还呢?借债还钱是天经地义的事!再说,喜儿也够傻的,黄世仁那么有钱,嫁给他就算了,干吗自己跑到深山里去当白毛女!她妈妈听了简直目瞪口呆:我小时候看《白毛女》这个电影的时候流了那么多眼泪,那么痛恨黄世仁,那么同情喜儿和杨白劳,如今我的女儿却替黄世仁说话!

当父母们用过去的事来教育孩子时,要警惕——所有的人,要理解过去必须要曾经亲身经历或者学好历史,否则就会出现刚才的一幕。

不能用过去的价值观来衡量现在,因为社会主流的价值观是在变化的,而主流价值观的变化是谁都控制不了的。不要执着地看问题,不要用过去的标准看现在。

现在孩子眼中的爸爸妈妈大都是外星人,孩子很不礼貌地把父母称作"蛋白质"。什么是"蛋白质"呢?说白了就是对现在的孩子想的什么、说的什么都无所知,还有点神经质。

所以家长要懂一点孩子的世界。孩子在网上都做些什么,他们说话的流行语言也得知道一点,以便于与孩子进行交流。

当青春期碰上更年期,家庭矛盾在加剧。知心姐姐卢勤给父母写了一本书,告诉父母别跟孩子"较劲",青春期的孩子不好惹。然后又写了一本书跟孩子说:"别跟父母较劲,更年期的父母更不好惹。"她认为,要想调整好这个时期的亲子关系,办法只有两个字:沟通。

我们接下来就探讨如何跟孩子沟通。

第六篇 亲子教育

/ 第四节 /
## 听孩子爱说的话，说孩子爱听的话

有一个教育家说过："如果我跟孩子们没有共同的兴趣、喜好和追求，那么我通向孩子心灵的通道将会永远堵死。"要用孩子的眼睛去观察，用孩子的耳朵去倾听，用孩子的兴趣去探寻，用孩子的情感去热爱！

家长可以这样理解孩子的情感："他给您一块糖吃，是有汽车大王捐助一亿元的慷慨。他做了一个纸飞机飞不上去，是有齐柏林飞船造不成功一样的踌躇。他没有打着他所讨厌的人，就好像是罗斯福讨不着机会带兵去打德国一般怄气。他受了你盛怒之下的鞭挞，连在梦里也觉得有法国革命模样的恐怖。他写字想得100分没得着，仿佛是候选总统落了选一样失意。他想你抱他一下而您偏去抱了别的孩子，好比是一个爱人被夺去一般伤心。"

和孩子沟通首先要有同理心，就是你要站在孩子的角度去思考、去体验、去理解，再把这种体验和理解表达给孩子。每个孩子都有自己的思维模式和行为风格，家长不能用自己的思维方式去约束孩子。

### 给予孩子快乐

也许你还没意识到，父母能给予孩子的最重要的礼物就是"快乐的本领"。这个本领不是巧克力、漂亮衣服和耐克鞋就能带来的，你需要培养他们具备一些专家认为快乐必备的特殊品质，比如自尊、乐观、自我控制能力，等等。

下面几种快乐秘方，你可以尝试一下。

(1) 有时间享受"不受限制"的快乐。为了让孩子们能应付挑战，家长常常用各种各样的活动控制孩子的时间表。但孩子毕竟是孩子，他们需要带着童真的想象力尽情地玩耍，需要有时间去抓萤火虫、打雪仗、看蜘蛛做网和蚂蚁搬家。这些按照孩子自己的步伐去探索世界的活动，更能给他们带来真正的快乐。

(2) 关心他人。孩子需要认同自己是家庭和社会中有价值的成员，家长们要尽量给孩子提供接触社会、关心和帮助他人的机会。如让孩子把家里的旧玩具收集起来，送给需要的小朋友；帮助照看比自己年纪小的小朋友；帮妈妈做力所能及的家务等。儿童心理学家指出，儿童在很小的年纪就可以享受帮助别人的快乐。

(3) 更具体的表扬。当孩子做好一件事或掌握了一种技能的时候，不要总是简单地说"做得不错"，要指出他们具体成功的细节。比如："你今天把那个摔倒的小妹妹扶起来，真让妈妈高兴。""我喜欢你画的这些树。"具体的表扬会让孩子产生更大的满足。当然，也要注意表扬的真诚和表扬的技巧。不能表扬过度，要让孩子从小就认识到，真正的表扬来自于他们战胜了挑战之后。

(4) 不要苛求完美。找机会放大孩子的"闪光点"。孩子总是在家长的不满和批评中伤了自尊，失去了自信。所以，下一次当你再要抱怨的时候，先想一下，这个过错是不是跟他们的年龄有关？如果是，你再想，10年后他们还会这样做吗？如果你的答案是否定的，就别再唠叨个没完。记住：你和孩子之间的感情总比他把袜子放在哪里、把房间弄成多乱要重要得多。

(5) 教会孩子解决问题的技巧。当孩子认为自己能解决一些问题时，可以让他们产生良好的自我感觉。所以，当他们遇到难题时，你可以按下面的步骤教会他们解决问题的技巧：发现问题；让孩子描述出他想要的结果；帮他设计出要达到这个结果的步骤；让他自己想，哪一步他能够自己

完成，哪一步需要别人的帮助；在他确实需要帮助的步骤上提供帮助。

(6) 给孩子展示自己的机会。每一个孩子都有自己独特的天才和技能，展示这些能给他们带来极大的喜悦。"妈妈，我给你讲一个故事好不好？"这时即使你在厨房做饭，也要满足他这个愿望，并适时地给予肯定："你讲得真是太棒了。"要知道，能和你分享他喜欢的这个故事，对他是多么快乐。孩子的热情能通过你的分享和肯定，转化成良好的自尊、自信，而这些品质对他们一生的快乐都是最宝贵的。

## 父母跟孩子说理的技巧

循循善诱，充分说理，是家长教育孩子的重要手段。跟孩子说理不仅需要有耐心，还应结合少年儿童的心理特征，选择恰当的方法和技巧。

首先，要充分肯定孩子的长处。古语云："数子十过，不如奖子一长。"跟孩子讲道理，应充分肯定孩子的长处，对孩子的进步给予及时的表扬和鼓励，在此基础上再对孩子的过错予以纠正，这样孩子就容易接受大人的意见。如果一味地数落孩子，责怪孩子这也不是那也不对，只会让孩子产生自卑心理和逆反心理。

其次，所讲的道理要"合理"。跟孩子讲的道理应合情合理，不能信口胡说，也不能苛求孩子，因为大人信口胡说，孩子是不会服气的，大人的要求过分苛刻，孩子是办不到的，比如生活中有的父母自己喜欢吃零食，却对孩子大讲吃零食的坏处，如此，孩子是不会听从的。

第三，要给孩子申辩的机会。跟孩子说理时，孩子可能会对自己的言行进行辩解，大人应给予孩子申辩的机会。应该明白，申辩并非强词夺理，而是让孩子把事情讲清楚讲明白，给孩子申辩的机会，孩子才会更加理解你所讲的道理，使教育收到良好的效果。

第四，要了解孩子的情绪状况。孩子和大人一样，情绪好时比较容易接受不同的意见，不高兴时则容易偏激，因而跟孩子讲理，要充分了解孩子的情绪状况,在其情绪较好时,对其进行教育,若在孩子情绪低落时跟他说理,是不会奏效的。

## 合理引导孩子的欲望

"我是一位小学二年级男孩的母亲。最近有件事让我非常烦恼:儿子偷拿我的钱,而且不是第一次。去年的一天,我发现钱包里的几十元零钱不见了,心里七上八下的,担心是不是儿子偷拿了。等儿子放学后,我直接问他:'你拿妈妈的钱去买什么了?'他愣了一下,诚惶诚恐地说:'买了一盘游戏光盘,分了十元给小朋友,买了点吃的,还剩了五元。'果然是他!怎么办?要不要揍他?我努力使自己冷静下来:'这是小偷的行为,你知道吗?'接着跟他讲了些'小偷针,大偷金'之类的道理、典故。

"后来我每星期给他一些零用钱由他支配。前天中午,我在房间午睡,听到有硬币掉在地上的声音,我心一沉,难道儿子又在偷拿我的钱?我悄悄走出去,看到他正躲在冰箱后面,手里拿着我的钱包。我很生气:'你怎么能这样?!'一个下午我都在想该怎么办,他一再偷拿钱是不是我也有责任?难道是钱包放在他随手能拿到的地方,他难以抵制这种诱惑?难道是我没有给他讲清楚道理?难道学校出了什么'校霸'?我后来没有揍他,只罚他做了家务,他爸说我这样也不对,这么轻易就放过他,以后有可能还会犯。我想知道,我到底该怎么做?"

从问话中,我们能感到母亲对孩子前景的焦虑。我提醒母亲,问题跟孩子的欲望有关。

一个还不满十岁的孩子开始喜欢钱,并且用一些幼稚的办法来拥有钱,对父母来说,既是一件让人担心的事,也是一件让人高兴的事。

因为一个孩子能否比别的孩子成长得更快和更好,关键要看他对外部世界是否产生欲望,有没有物欲或占有欲,欲望是一个人成长的原动力。父母可以和孩子讨论通过何种方式去拥有他喜欢的东西,钱只是实现欲望的工具和桥梁，不要就钱的问题纠缠不清。

十二岁以下的孩子，一般没有管理金钱的能力。如果他需要什么东西，父母应该给他机会让他说出愿望，并共同来讨论哪些愿望是可以马上实现的，哪些愿望需要等一等。或者，哪些需要父母可以无条件满足，哪些需要父母跟他谈条件。比如，孩子说他喜欢某个名牌的服装，小朋友都有，他也想拥有，这得需要几百元钱，父母可能会因为担心孩子爱慕虚荣影响学习而简单地对孩子说"NO"，这样做会使孩子通过正常途径满足自己的努力落空，甚至心理受挫。孩子偷偷拿父母的钱，内心也会承受很大的道德冲突，若不是因为想得到什么东西的欲望很强，一般也不会轻易涉险。从根源上看，常常目睹父母大手大脚花钱的孩子，对金钱的欲望会大一些，因为他知道花钱可以买来快乐。节俭的家庭，孩子更知道钱的重要性，也轻易不敢乱花钱。从方法上看，父母随意放置钱会让孩子时时刻刻面临内心的冲动，可能会让孩子产生乱拿钱的行为。如果父母善于管理金钱，孩子的非分之想也自然会得以收敛。

偷拿家里的钱是每个孩子都可能犯的错，作为孩子的父母，首先要降低这件事的重要性，不要说那些"小偷针，大偷金"之类无限上纲的话，更不要提"偷"这个字。十二岁以下的孩子心理都很脆弱，会以为自己不是好人，形成创伤体验。现在的独生子女，普遍都以为家里的就可以是自己的。十二岁以上的孩子，可以帮助他学习对钱的管理，给他稍微多一些的零花钱，要求他建立一个账目，时不时看看，然后夸奖几句。如果这样管理的效果不错，孩子不乱花钱，可以奖励他更多的钱，让他在钱的管理上有成就感。如果乱花钱，就克扣一些零花钱，让他觉得这样做得不偿失，他就会改变做法。

上述案例中这位母亲的问题是陷入一种文化冲突，把孩子的行为等同于大人的行为。因为大人们内心害怕"偷"这样的字眼，孩子的行为激发了成人的焦虑。这位母亲应先不要忙着处理孩子的行为，等自己内心的焦虑平息以后，再采取合适的措施。可以每周给孩子一个时间，让他说出自己有什么购买愿望，讨论哪些愿望可以很快得到满足，哪些愿望需要等待，哪些愿望必须具备孩子改变自己的先决条件（当然是让他稍作努力就能达到的）。这样，孩子就可以通过正当方式实现自己的物质愿望，也就懒得再去冒偷拿钱的风险。

## 帮助孩子构建新的乐园

"我的孩子从小就对学习无所谓，如果在班里考得不太好，我们说他'你怎么考得这么差呢'，孩子会说'还有比我更差的'，好像没有什么上进心。现在孩子已经上初三了，但是最近在同伴鼓动下，开始迷上玩电脑，整天泡网吧，我们非常着急。后来他父亲害怕孩子由于总泡网吧会结识一些不三不四的人，就在家里给他买了一台电脑，这样孩子就不去网吧了。但是慢慢发展到孩子的生活里全是电脑，整天在电脑上玩各种网络游戏，通过网络游戏结识了一大帮网友，手机、QQ号总是不停地需要用家里的电话去充钱。他父亲觉得这样下去一是很花钱，二是费精力，三是结识太杂，最关键的，是不务正业。他父亲非常生气，于是找孩子谈话：'我最瞧不起的就是一个不能够管理自己的人，你应该知道现在该做什么。'但是令父亲没有想到的是，这次谈话以后，儿子变得不搭理父亲了，好像交流也不是很多，而且还开始装模作样了。父母钥匙一响，儿子就把电脑关了装作学习，父亲一走，儿子又把电脑打开玩。我们非常生气：难道我们的儿子天生就不是一个爱学习的孩子？为什么他对学习是这样的态度？"

不要说一个初三的孩子，就是家长，也难免玩游戏入迷，因为游戏里有快乐体验、冒险体验、恐惧体验等，现在的网络游戏做得美轮美奂，让人身临其境，格斗、冒险、战略、竞技等游戏都让人着迷。孩子在游戏里可以幻想自己是英雄，是一个世界与命运的控制者，这正符合这个年龄段青少年的非现实狂想。人都是从以自我为中心发展来的，尽管知道世界不

## 第六篇 亲子教育

是唯自己存在的,但内心仍顽固地存在一种梦想,认为自己对世界是最重要的。游戏让孩子重温孩提时代的梦,出现一种虚幻的自我求证,证明了自己的强大和做统帅的能力。在模拟世界里面驰骋疆场,杀死敌人,做从来没有做过的事,做生活中不敢做和不敢想的事,谁都一样会对游戏着迷。

如果孩子本身不快乐,游戏给他的快乐太多,就容易使他上瘾,但如果孩子本身是一个快乐的人,游戏就不可能把他拴住,因为他的兴趣太多了,他会觉得游戏打多了,好多事干不完,他还有很多其他的欲望。

现在很多国家,不仅是中国,包括日本、美国都在讨论游戏的问题,担心游戏会毁掉一代孩子,希望像电影一样对游戏进行分级。这些我们在此不做深入讨论。

怎么对待迷上网游的孩子呢?具体来看上述案例中提到的这个孩子,游戏成了主导他生活的快乐,他的父母可以考虑如何用别的快乐来代替孩子玩游戏得到的快乐。有三个方面要考虑。

第一,要重新帮孩子建构更多兴趣。比如运动、打球、和同龄孩子们玩、阅读、音乐、艺术,以及交往的快乐,可以跟邻居下下棋,打打牌,这也能增加快乐。

第二,要增加孩子某方面的优越感,要帮助孩子找到他的优越感。优越感是孩子成长必需的情绪,孩子需要觉得自己还行,父母就要帮他建构自己还行的感觉。

第三,要树立规则。比如,玩游戏可以,但要有时间概念,周末可以玩两个小时,家长也可以跟孩子一块儿玩,但是过了这个时间,就不能玩,不能开电脑,不能上网。

要管理孩子就需要通过和孩子谈判得到他的认同,而不是不听孩子的说法和想法去强迫他。强制执行时,必然会让孩子在心理上排斥父母。比如可以与孩子协商,玩游戏需要多长时间,这些时间怎么安排,是每天下午还是晚上,等等。约定好了以后,父亲和孩子达成协定,父母要要求孩子"要说到做到"。实际上,这就是在锻炼孩子的自我管理能力,自我管理就要从小事情开始,如果他能够管理得很好,家长可以允许孩子适当增加玩游戏的时间。相反,如果家长完全拒绝孩子玩游戏,孩子就会偷着玩,结果反而不好,倒不如跟他协商。

## 第五节
## 鼓励、引导孩子去判断和选择

在这个自我意识高涨的时代,父母不能再固守权威的城池了,因为从小被使唤惯的孩子,等到他必须自己作决定的时候,会措手不及。

我常告诉那些有听话、乖孩子的家长,不要高兴得太早,除非他希望孩子一辈子都做一个唯唯诺诺的人,只能跟着人家走。相信每一个做父母的都希望自己的孩子能有责任感,能独立思考,能独立自主。这就必须从小培养他面对事实,自己决策,自己解决困难。

我接诊过一个男孩儿,一米八的个子,长得一表人才,真是人见人爱。但是这个孩子来找我的原因不是一表人才,而是他一点愿望都没有。问他将来准备干什么?他说,随便,干什么都行。问他现在每天都干些什么?他说,没干什么。父母很着急,说他每天就这样无所事事,也不想上学,也没有整天玩游戏,也不出去找同学,也没有什么爱好。我了解到这孩子的父亲常年外出工作,孩子的母亲在家陪伴着他长大,妈妈和孩子交流时经常爱说的一句口头禅是:"费那劲干啥?懒得想!差不多就行了!"我们可想而知孩子从小没有养成思考的习惯,更谈不到选择了。

## 把选择权交给孩子

首先父母必须把选择权交还给孩子,信任孩子有能力做他自己的主人,无论任何人都必须自己走自己的路,与其一天到晚紧张兮兮地盯着孩子,干涉他做这做那,还不如让他自己去做,父母也落得轻松。就如上补习班、课后班一事,大多数父母是一把抓,反正是我出钱,你消费,你只管听我的就是,不能有自己的思考和意见。到头来,孩子怨声载道,来个撒手锏——"不去就是不去",反而浪费钱又伤亲情。倒不如坐下来听听孩子的意见,帮助他分析后,让他自己去决定要学什么,到哪里学。

其次要多给孩子机会,相信他有足够的能力来发展自我,在不同的年龄阶段给予孩子不同的责任,并依孩子的性格提供不同的机会,让他从中领悟、学习,进而培养孩子的思考力及决策力,慢慢地,孩子便学会自己做主了。

或许你会觉得凡事让孩子自己做主,好像父母的责任少了,父母在偷懒。其实这是父母故意给孩子创造机会,让他把能力表现出来,如果父母不放手就无法知道孩子的能力有多大。而且孩子的潜能是无穷的,越开发就越有能力。

在很多家庭互动中发现,父母做得越少,孩子就做得越多。如果舍不得让孩子去尝试、劳动,那就必须长久为孩子做,直到做不动,孩子也无法得到成长。因此,聪明的父母,何不轻轻松松地把选择权还给孩子,并让孩子知道即使决定错了也没有关系,有错误才有改进,有改进才有机会成功!

## 教给孩子选择的智慧

这是一个令人振奋的时代,在这样一个大环境中,每个人都面临着选择的机会，都拥有选择的权利。尤其在中国，这个选择的时代更是难能可贵的。今天的中国学生有机会享受先进的教育，同时不必担心生活、安全和温饱问题，他们能够通过互联网获取世界各地的信息，在毕业后拥有众多可以自主选择的就业机会。虽然生活在这样优越的大环境中，但仍然有许多学生时常遇到迷茫的时刻，仍然有各种各样的问题。

对于青年学生来说，最重要的不是具体的准则或方法，而是在复杂情况下权衡各种影响因素，并以最为智慧的方式做出正确抉择的能力。我把这种能力称为"选择的智慧"，它的思想核心其实就是中国传统文化中传承了两千多年的"中庸"之道。

李开复给中国学生的信中这样说，选择成功的智慧共有8种：用中庸拒绝极端；用理智分析情景；用务实发挥影响；用冷静掌控抉择；用自觉端正态度；用学习积累经验；用勇气放弃包袱；用真心追随智慧。这些智慧也需要我们好好揣摩和体会。

## 教孩子正确选择伙伴

当看到孩子与"坏孩子"经常在一起玩时，为人父母者是无法容忍的。那些"坏孩子"往往不喜欢上学、喝酒抽烟、学习成绩差、没有礼貌。孩子可能会说，这些人比其他人对他更好，就是喜欢和他们在一起。

父母要对孩子和社会上的"不良少年"交往的潜在危险提早做出预警。告诉孩子友谊的价值所在，帮助孩子对这段友谊进行评估。让他回答一些基本问题，比如这段友谊是互惠的吗？是安全的吗？这些问题会帮助孩子认识自己的需要，引导孩子树立好的价值观和人生观。

同时，直接面对负面问题。如果孩子和伙伴一起干了坏事，不应回避，直接面对这一问题然后积极解决。表达你的想法，同时努力了解孩子之所以和这些伙伴交往的真正需求。如果孩子一时难以断绝和他们的交往，可以先限制他们的交往时间，制定各种交往规则，并进行监督。

时常解决孩子和伙伴之间发生的小冲突,制定各种交往规则,能有效避免更大冲突的出现。比如,让孩子完成家庭作业,给他布置些家务事并督促他完成,晚上按时睡觉等,这些似乎是小办法,但对于积极的家庭关系的维系却非常重要。你还可以当着他的伙伴的面明确表示反对他们的交往,这样就为孩子拒绝他们的邀请提供了借口:"我爸妈不让我和你们玩。"

孔子把朋友划分为损友和益友:"友直,友谅,友多闻,益也。友便辟,友善柔,友便佞,损也。"正直、宽容和知识渊博的朋友被定义为益友,而脾气暴躁、优柔寡断和心术不正的朋友则被定义为损友。当孩子结交小伙伴时,以孔子的这种划分为依据,就会大有裨益。

对孩子的表现,包括交友,最重要的是信任,而不是简单套用自己的价值观,一味粗暴地呵斥和责怪。尤其不能给他的小伙伴随便贴上"坏"的标签,简单地要求孩子马上和他的"伙伴"断绝来往。

## 教孩子学会理性消费

生活中离不开消费,因此父母教育孩子学会消费是非常重要的,而如何让孩子学会理性消费则是消费观教育的重点。

准确地说,钱的作用在于通过购物、缴费等活动达到其他目的,如:购买吃穿物品,能使人得以生存;用钱交纳学费,能让孩子受到教育,从而获得发展;花钱娱乐,能让人们在体育休闲中使身体和内心得到放松和满足;通过捐款助人而得到精神上的升华。

父母不能奢望孩子完全理解金钱的作用,但在教孩子认识金钱的时候,要注意让孩子树立起"钱是有用的,但钱不是万能的"意识。

教育专家指出,孩子乱花钱时,父母对于孩子的不正确消费行为光采取责备的态度是不够的。要教给孩子如何列举决定的依据、如何进行分析比较、如何做出正确的选择,应该综合各方面的知识来引导孩子正确消费。如外出要乘车时,可以和孩子商量选择途中风景较好的一段路下车,徒步前往目的地，在途中一边欣赏风景，认识各种花草树木，一边说说唱唱，或玩成语接龙，说反义词等游戏，让孩子体会徒步前往的乐趣，事后再与孩子算笔账，通过一起步行，少做一段路车，省了多少车钱，它可以转做什么用途。

作为父母，应该有意识地培养孩子独立消费的能力。孩子良好的消费习惯和丰富的消费知识，要靠生活中的积累和培养。而孩子的消费权益，不仅要靠家长的关心和保护，更要让们学会自我保护，因此一定要引起重视，早一点为孩子塑造良好的消费观念。

现实的问题是，家长在为孩子花费的过程中有太多的不理性消费，比如滥报培训班、过度教育投资、不遗余力地满足孩子的各种愿望等，这些不考虑"投资与回报"的消费，对孩子的成长极为不利。

### 孩子的成长需要经验

从文化积淀、工作经验和生活经历等各个方面来讲，父母的经验都比孩子丰富，所以遇到问题时，父母基本上可以对困难进行比较全面的衡量，但如果把选择的结果直接传递给孩子，没有让孩子自己进行选择、权衡的环节，孩子一般不会接受。

而作为孩子来说，成长过程必然要走弯路。孩子不可能一出生就是听话的孩子，如果他长大以后很多体验都没有尝试到，有一些该犯的错误没有犯过，也没有挫败，那么这样的孩子实际上是没有能力的。孩子知道父母说得对，但是无意识还要做一些看起来有点不对的事情。为什么会这样呢？因为孩子的成长需要这些体验，这些东西对孩子就像养分一样。比如说因为做了某件事情被老师惩罚，孩子就会印象深刻，就知道要守规矩，知道这事后面有一个秩序，要遵守游戏规则，不遵守就要受到惩罚。这样的经验很重要，如果完全地"听话"，什么错误都不犯，就会什么成长的经验也没有。

当一个人的行为与其他人的痛苦或快乐产生了因果联系,自己对这种联系很看重的时候,就会产生责任心。学生在课堂上讲话会影响其他同学,如果他有责任心就不会在课堂上讲话了。

孩子的成长需要家长依据孩子的生理心理年龄进行循序渐进的引导。

我女儿,初中毕业时突发奇想要去做蛋糕师,我觉得这个决定肯定不靠谱(她当时正处在思维想法都很奇特的年龄段),但我也不想就直截了当地打击她,我跟她说:你看你们一起玩大的小朋友们都上高中,你也一起上高中吧,不然自己多孤单呀?等高中毕业了再去当蛋糕师也不迟啊!她就接着去读高中了。高中毕业了,高考后她又要去做蛋糕师,要去报"能烤蛋糕的学校",一是没有合适的专业(我也没有帮她好好找相关专业),二是我还在继续动员她:既然高考成绩不错就先上个大学,拿个大学文凭,至少毕业了有一个就业的入门证啊!她就接着读大学了。她大学毕业以后还想去做蛋糕师,正好有机会找了个工作。"先有份收入吧!"我开导她:"想做蛋糕那就开个店,算作副业吧。"结果她到现在还在天天上着班,偶尔在家里做做蛋糕。现在她已经成家了,在面对现实生活的同时,还保留着那个遥远的梦想——开一家自己的蛋糕店。

她经常跟别人说:"孙悟空还是没能跳出如来佛的手掌心。""一直觉得自己是按照自己的想法活着,挺自主的,也挺开心,回过头想想看看,几乎所有的选择似乎都是妈妈想要的结果。"女儿这样说。但她也承认,如果妈妈不阻挠,她也许真的辍学去开蛋糕店了。

其实不管是妈妈还是爸爸,都不要直接否定孩子的想法,认为幼稚、不现实、异想天开等,只有在肯定他们想法的同时给予一些新的更有吸引力的建议,孩子的逆反心理才会减少。

## 第六节
## 隔代养育方式差异的处理

以下是两个隔代养育下的案例：

案例1：怀孕时，婆婆虽然对我照顾周到，但是一切出发点都是围绕我肚里的孩子，她总说你应该吃什么，做什么，这样对宝宝才有好处。现在我的孩子降生了，婆婆有一套她养孩子的经验，但和我的方法有很大的差异，我们常常因为这事闹得很不愉快。我觉得她的方法早已过时，可是碍于情面，我又总不敢多说，怕伤和气。我心里确实觉得很憋屈，我该如何面对？

案例2：我们俩是双职工，是倒班员工，有一个可爱的孩子。为了照顾孩子，我们俩有意识地在排班中尽量保证一个人上线，一个人休息。家里的老人也帮着我们带孩子。孩子小的时候，问题不太突出，孩子大了，要开始上学了，分歧就凸显出来了。我们一方的老人在农村，另一方的老人在城市里，为了孩子的教育问题经常吵架，互相指责对方做法不对，不负责任。该怎么办呢？

其实亲子关系中的很多问题都是从婚姻关系中的问题延续下来的。这两个案例都有这方面原因，在夫妻关系篇中我介绍了夫妻之间的性别差异导致的思维方式、行为风格、情感体验和表达方式等不同，也介绍了其实夫妻吵架、婆媳之争都跟情感需要有关，在这里，我仍然要强调，亲子教育的矛盾是延续着夫妻矛盾而来的，孩子成了牺牲品。

解决隔代养育方式差异问题的关键还是要调整夫妻关系。

隔代养育方式差异背后都有一些婚姻中的一方是否被另一方家庭接纳的前提，接纳者，差异就不凸显。如果原本就存在不接纳因素，当生儿育女后，这个不接纳就被变相以养育方式的差异表现得淋漓尽致。另外，无论是谁，无论什么角色，都不应该把对大人的情绪转嫁给孩子，在孩子面前指责，或给予负性评价，这对孩子的成长，对他将来的婚姻、家庭生活都会产生不良影响，会蒙上阴影。

我不是强调提倡或否认隔代养育。如果父母可以自己带孩子，那是更好的选择。老人其实并不属于小辈的家庭，而是属于和自己伴侣的那个家庭。每个家庭的情况不一样，有的是年轻父母双方都需要上班；有的是家里有多个孩子，只靠爸妈实在应付不来，还有的是其他困难。在的确需要帮手的情况下，如果老人很乐意来帮忙，综合来讲祖辈是优先的选择，毕竟祖母或外祖母跟保姆比起来，更让人放心一些。

隔代抚养，是中国当前广泛存在的一种家庭养育模式，由于两代人养育理念的不同，也容易引发一系列的家庭问题。下面我们就从心理学的角度出发，来谈谈两代人如何做到相互理解，将隔代抚养的分歧最小化。

第一点是：贯彻执行同一个养育标准。

俗话说，祖辈带孩子靠经验，爸妈带孩子靠书本。年轻一代可能注重孩子智力培养、个性发展，往往会更多地向孩子传递知识，给他们更多的自由来探索世界，而祖辈们则更看重吃饱穿暖不出意外，从而给孩子更多的约束。在这个问题上，年轻的父母要和老人充分沟通，达成共识，对于有关孩子的照料保持高度统一，进行分工和明确职责。不同的养育方式妥当处理，对孩子来说，也是学习过程，便于孩子在生活中潜移默化地学会做人的道理。

第二点是：避免过度溺爱。

教育心理学主张对幼儿的爱和尊重、对个体发展差异的尊重；主张突出游戏、榜样示范的作用。无论是祖辈还是父母，在养育孩子时，要分清爱和溺爱的界限，不能只有自由而缺乏规则。比如对孩子不合理的撒泼打滚行为，可以采取不打不骂不理睬的冷处理方法，等情绪发泄完了再讲道理；对孩子做得好的地方要及时表扬，这样他们慢慢地就会懂得自己该做什么，不该做什么；在面对新事物时在保证孩子安全的前提下鼓励孩子去尝试、去探索、并让他/她分享自己看到什么、听到什么、想到什么，理解孩子。

第三点是：尊重祖辈的心理需求。

在隔代育儿的大家庭里，要保持和谐的家庭氛围，沟通和尊重显得尤为重要。在养育孩子上，年轻父母往往较为理性，着眼于孩子的品格培养、智力开发等；而祖辈趋于感性，他们疼爱孙辈，往往会竭尽全力去满足孩子的一切诉求。其实，养育孩子的方法不存在绝对的好坏，年轻父母在养育孩子上与老辈有分歧也很正常。但面对分歧时要牢记，大家的出发点都是希望孩子好，要设身处地地站在老人的位置上考虑老人的感受。

发生意见分歧时，宝宝妈妈和外公外婆沟通、宝宝爸爸和爷爷奶奶沟通，往往能达到更好的效果，副作用小。毕竟老人牺牲了自己的大部分时间帮忙带孩子，这本身就是对子女的爱和帮助，所以年轻人应满怀感恩之心，尽量让老人感到宽心和安慰。

当祖辈坚持的教育观点或做法不会对孩子带来负面影响时，年轻父母则不妨求大同存小异，做出让步；如果是原则性问题，在坚持己见的同时，一定要注意沟通方式，先肯定老人的成绩，再提出意见和建议，这样老人也比较容易接受。

其实很多老人都愿意接受科学的知识，无奈信息渠道比较窄，又有着身为长辈的权威感，不容易听进小辈的建议。如果能够扩宽家庭的信息渠道，通过文章或者外人的专业意见，也许能够更高效地达成共识。

第四点是：承担必要的责任。

现在有这样的现象："妈妈生，姥姥/奶奶养，奶奶爷爷/姥姥姥爷来

第六篇 亲子教育

欣赏",这种模式会对孩子的成长不利。隔代抚养家庭要重视父母与孩子之间的互动、交流,因为孩子对父母的情感需求,是其他任何感情取代不了的。所以不管父母多忙,都要尽量多抽出时间陪陪孩子,不要对孩子的教育和抚养完全放权,图自己省心当"甩手掌柜"。如果实在没有条件和孩子一起生活,也要通过探亲、书信、电话、电脑视频等手段保持交流。缺少父母之爱的孩子很容易因依恋问题产生情感和人格上的偏差,导致对人对物缺乏爱心、暴力倾向和行为偏差等问题。

虽然隔代抚养有诸多优势,如祖辈在养育经验、人生阅历、耐心和时间等方面的优势,有利于儿童养成尊重老人的优良品德。父母也应在孩子的教育中,多与老人交换育儿经验,无论如何都要坚持以孩子身心健康为首要,营造一个有利于教育的、和谐温馨的家庭氛围。

更多精彩内容请扫码观看视频

# 再版后记

这是我多年学习、工作、历练、收获的结晶。

我是石油企业医院的神经精神科医生。从 2003 年"非典"（SARS）时期开始，进企业、走基层，向员工开展主题为"以健康的心态面对 SARS"的讲座，这应该是我对企业心理健康服务的开始。

原本走出医院走向企业，仅是"预防工作前移"的一种尝试，到一线了解员工的心理健康现状、困惑、烦恼和压力状况，并与员工进行面对面交流、探讨与疏导，传授心理健康知识。开始只是由衷地想用自己的知识去帮助员工解决心理困惑，后来就像进入了一个良性轨道，员工对我的信任增加，对心理知识的需求面也不断扩展，企业的要求也不断地提高，我就得跟着员工及企业的需求探索、研究、解决，一步步就这么自然地做下来，而且越做越广。

我的工作逐渐远远超出了我以前的专业范围，我在拼命读书、丰富自己的同时，也在寻找：国际上一定有成熟的做法和模式！于是，我找到了 EAP 项目。2008 年，我成为国际 EAP 协会认证专家。当我学有所成信誓旦旦地准备继续大干的时候，发现了很多问题：首先是 EAP 翻译名称带来的困惑；其次是东西方管理模式、方式与思路的冲突；再者是切入的途径给企业带来的困惑；还有是从业者的角色与关注点影响，等等。

在从事企业心理健康服务工作的最初几年，我凭着满腔的热情，凭着所学的专业学科知识，凭着多年积累的教学经验，走进现场、走向员工，颇有当教育者、专家的感觉。而随着我走过的地域越来越广阔、接触的基层越来越广泛、了解的情况越来越多样、深入的现场越来越基层,我常常发自内心地感受很多无奈,象牙塔里的实验、教科书上的内容、实验室内的数据到了现场根本用不上,我常常像小学生一样向管理者和员工们请教:在这样的条件下,你们是怎么坚持下来的?这么艰难的任务,你们是怎么完成的?是什么信念,让你们能够有这样的毅力?我无数次被一线的石油兄弟姐妹们所感动,所震撼!我越来越像个学生,向他们请教怎样处理工作和生活中的难题,用心去体会他们的喜、怒、哀、乐,为了他们的高兴而高兴,随着他们的激动而激动,伴着他们的伤感而伤感……

我带领着团队,开始了新的尝试……作为项目技术负责人,我承担了中国石油天然气集团公司科技项目《石油员工心理评价与干预措施研究》《石油员工心理管理探索与实践研究》,发布了《基于心理应激系统理论和三级预防模式的职业心理健康促进工作思路——中国石油企业的探索》。

在后续工作中,我从机关到基层,从油田到炼厂,从管道运营到施工现场,从青藏高原到沼泽湿地,从塔克拉玛干到撒哈拉沙漠,从中亚到中东,从战乱动荡的伊拉克到荒漠贫瘠的尼日尔,足迹几乎踏遍国内、海外中国石油的众多生产一线。

我一年内大部分时间在去现场体验、跟员工访谈、到单位讲座中度过,常常是白天访谈、咨询,晚上讲座,如此已经坚持了14年!我曾经有个诺言:"只要有石油人的地方就应该有我的服务。"我依然继续履行着这个诺言!有很多地方我可能本人走不到,但是,我写的书、我的讲座录音、视频已经走到了更多的地域、更广阔的基层。

随着进到的企业、走到的现场、遇到的情景、碰到的难题、接受的挑战不断增多并不断探索、研究与解决,丰富的案例加上系统思维引导及多学科知识交叉集成,慢慢实践、积累了一个立体的、全方位的"企业心理健康促进体系"。这个服务体系的最大亮点及优势是结合了企业运营实际,结合了企业核心价值观、企业文化和职业特点,用心理学原理与技巧指导

## 再版后记

员工如何应对挑战与压力，如何平衡工作与生活的关系，怎样合理表达利益诉求，怎样搞好上下级关系，如何与家人保持亲情等，是在企业核心价值理念下的个人价值最大化！

随着对企业的了解不断深入，我对心理健康促进探索的深度和广度进一步提高，深入的企业、行业覆盖面不断扩大。目前除了石油石化行业外，我还先后为移动通信行业、核工业企业、电力电网行业、铁路建设企业、公共交通行业、金融保险行业、煤炭系统等行业及部分国家部委、地市政法委、公检法系统提供心理健康服务内部专员培训、项目规划与设计等工作，也反过来验证和丰富了体系内涵。

人生是一个过程，心理也是一个过程。回顾自己五十多年的成长历程，亲情、友情、爱情让我体会了温暖，得到了快乐，获得了成就，分享了尊重。

作为企业的心理健康促进者，我有过大量的访谈经验，这些都有助于我形成符合企业特色的学术观点。我因此要感谢很多人。

感谢这么多年来那些带我走进基层、让我了解企业文化的领导。是他们带我走出医院，走入为企业员工服务的另一个领域，拓宽了我的视野，让我从一个单纯的医生，蜕变成为一个企业职业心理健康促进者。

感谢曾经向我咨询的管理者、员工以及他们的家属。我接触到的每一位石油人，都为我提供了宝贵的第一手资料和意见。是他们让我了解了需求、获得了灵感、得到了升华！毫无疑问，他们会从我的工作中、手册里认出自己的言语、观点和理念。

成长历程中的每一份付出都为我带来新的收获，每一次挫折都使我更加成熟，感谢挫折对我的磨砺，感谢恩师对我的指导，感谢领导对我的肯定，感谢同事对我的帮助，更感谢家人给予我的温暖和呵护。

我一直享受着众多领导、同事和朋友的关爱与祝福。

不仅感谢大家的见解，而且感谢大家的支持和友谊。

另外，我真诚地希望员工朋友们能够把使用这本手册时发现的问题反馈给我，以便我进一步完善及提高自己理论水平和实践技能，同时也欢迎员工朋友们批评指正。

我的电子邮箱：tanpf@vip.sina.com。

我承诺：我会遵守职业道德，对于员工们的来信，在没有授权的情况下，遵循保密原则，敬请放心。

檀培芳<br>2017 年 12 月